Madhusudana PUlaganti
Anuradha Cm
Suresh Kumar Chitta

Conceção e rastreio de fármacos por técnicas computacionais

Madhusudana PUlaganti
Anuradha Cm
Suresh Kumar Chitta

Conceção e rastreio de fármacos por técnicas computacionais

ScienciaScripts

Imprint

Any brand names and product names mentioned in this book are subject to trademark, brand or patent protection and are trademarks or registered trademarks of their respective holders. The use of brand names, product names, common names, trade names, product descriptions etc. even without a particular marking in this work is in no way to be construed to mean that such names may be regarded as unrestricted in respect of trademark and brand protection legislation and could thus be used by anyone.

Cover image: www.ingimage.com

This book is a translation from the original published under ISBN 978-620-2-06056-1.

Publisher:
Sciencia Scripts
is a trademark of
Dodo Books Indian Ocean Ltd. and OmniScriptum S.R.L publishing group

120 High Road, East Finchley, London, N2 9ED, United Kingdom
Str. Armeneasca 28/1, office 1, Chisinau MD-2012, Republic of Moldova, Europe
Printed at: see last page
ISBN: 978-620-7-98189-2

As duas tecnologias que irão moldar o próximo século são a biotecnologia e a bio-informação.

BILL GATES

As duas tecnologias que terão o maior impacto mútuo nos novos milénios são a biotecnologia e a bio-informática.

GEORGE BUSH JB

Sobre o Manual

O objetivo do manual é fornecer conhecimentos práticos sobre a conceção de fármacos *in silico* com base *em* ligandos e o rastreio da toxicidade de moléculas de fármacos alvo conhecidas. Explica a preparação de bibliotecas de farmacóforos de moléculas de fármacos, o rastreio virtual e a docagem (interacções proteína-proteína e interação proteína-moléculas de chumbo). Todos os programas informáticos utilizados neste domínio estão disponíveis em servidores Web públicos ou podem ser descarregados gratuitamente para uso académico.

O manual segue um caminho lógico a partir das noções básicas utilizadas na descrição da seleção da molécula líder com base nas suas propriedades terapêuticas e na identificação da semelhança estrutural para a modificação química em grupos específicos. Aqui explicamos a utilização das bases de dados do NCBI e do PUBCHEM para a seleção de ligandos e as suas propriedades físico-químicas. Preparação de uma biblioteca de milhares de compostos com base nos seus grupos funcionais e análise da sua drogabilidade utilizando várias ferramentas bioinformáticas. O manual baseia-se em parte na "preparação de bibliotecas, rastreio virtual, seleção de moléculas activas e acoplamento com a proteína-alvo"

Prof. Chitta Suresh Kumar

ÍNDICE DE CONTEÚDOS

1. Páginas importantes de bioinformática

	Software	Free/ Commercial	Website (from where it can be downloaded)	Functions of the software
	Visualization			
1	**Rasmol**	Free	http://www.bernstein-plus-sons.com/software/rasmol	1. Popular and versatile molecular graphics viewing program, excellent for viewing macromolecular structures 2. Needs command line scripting
2	**Weblab lite**	Free	http://www.accelrys.com/viewer/t	1. Molecular Visualization, Analysis and structural information 2. No command line scripting
	Suite			
1	**Omiga**	Commercial	http://www.accelrys.com/bio/index.html	1. Nucleic acid and protein sequence analysis software 2. Database searching , Sequence comparison - Perform dotplot analyses, Mapping , Primer prediction 3. Motif searching – Find motifs using NASITE for nucleic acids and PROSITE for peptides,
				4. PredictProtein secondary structure, hydropathy, antigenicity, and flexibility, Multiple sequence analysis 5. Integrated with online databases
2	**Vector NTI**	Commercial	www.informaxinc.com	1. Vector NTI- Data Management, Analysis, Mapping And Illustration 2. Strategic Recombinant Design, Primer Design And Analysis 3. BioPlot---Protein & Nucleic acid analyses 4. AlignX--- Rapid Multiple Sequence Alignment With Minimal Preparation 5. ContigExpress ---sequencing project management and fragment assembly 1. 3DMOL---- For visulization
3	**Bioedit**	Freeware	http://www.mbio.ncsu.edu/BioEdit/bioedit.html	1. Biological sequence alignment editor 2. Automated ClustalW alignment 3. Plasmid drawing and annotation 4. Accessory application configuration 5. Restriction mapping 6. RNA comparative analysis tools

				7. Graphical matrix data viewing tools
				8. Shaded alignment figures
				9. Translation-based nucleic acid alignment
				10. ABI trace viewing, editing and printing
				1. Web integration
5	**Antherpro t**	Freeware	http://antheprot-pbil.ibcp.fr/ie_sommaire.html	1. Sequence information
				2. Sequence edition
				3. Dot matrix plot
				4. Fasta/Blast
				5. Sites/signatures detection
				6. Physico-chemical profiles
				7. Secondary structure prediction
				8. Helical wheel projections
				9. Binary alignments (dynamic programming NW algorithm)
				10. Multiple alignments
				11. Prediction of signal peptide and cleavage site
				12. 3D display of molecules
				13. Amphiphilicity
				1. Titration curve
6	**DNA tools**	Freeware (but license is needed)	http://www.dnatools.dk	1. Handling and analysis of nucleotide and protein sequences
				2. Sequence editing and annotation, restriction mapping, translation, batch blast search, codon analysis, primer design and ordering handling
				1. Analysis of small EST projects and SAGE data

Miscellaneous

1	*Winpep*	Freeware	http://www.ipw.agrl.ethz.ch/~lhennig/winpep.html	1. Determination of length and amino acid composition
				2. Calculation of the molecular weight
				3. Estimation of the isoelectric point (IEP)
				4. Estimation of molar absorption coefficients
				5. Batch analysis of multiple sequences
				6. Simulation of sequence specific cleavage
				7. Identification of potential post-translational modifications
				8. Searching for sequence motifs
				9. Helical wheel display of amino acid sequences
				10. Hydropathy plot display of sequences
				1. Display of the domain structure of proteins.

2	**DNA for Windows**	Freeware	http://website.lineone.net/~molbio	1. Easy manipulation of sequences - removal of 'junk' text, reverse, complement, trim, etc.
				1. Restriction enzyme analysis - custom groups of enzymes
				2. Translation of DNA to protein
				3. Calculates mass of selected protein.
				4. Easy multiple sequence alignment
				1. Automatic contig assembly - using interface to CAP program.
				1. Dot-Plot analysis
3	*ClustalX*	Freeware	http://inn-prot.weizmann.ac.il/software/ClustalX.html	1. Multiple sequence alignment program with user friendly interface
4	**Cluster**	Freeware, but needs license	http://rana.lbl.gov/EisenSoftware.htm	1. Cluster analysis and microarray dataset processing-- hierarchical clustering, self-organizing maps (SOMs), k-means clustering, principal component analysis
5	**Treeview**	Freeware, but needs license	http://rana.lbl.gov/EisenSoftware.htm	1. Graphically representation of clustering and other analyses from Cluster.

6	**Treeview**	Freeware	http://taxonomy.zoology.gla.ac.uk/rod/treeview.html	11.Phylogeny tree drawing software
7	**LINDO**	Commercial/ demo version	www.lindo.com	12.Linear Programming Package, suitable for optimization 13.Can be used for flux balance analysis (FBA).

2. Bioinformática e descoberta de medicamentos

A indústria farmacêutica é, em grande medida, um jogo em que o vencedor leva tudo. A primeira empresa a patentear um medicamento para uma determinada terapia obtém direitos exclusivos sobre a sua utilização (durante 20 anos), enquanto a segunda classificada não recebe nada. A vantagem do vencedor pode significar a diferença entre um bilião de dólares de receitas e anos de trabalho perdidos. Na era da genómica, a bioinformática e a quimioinformática estão a desempenhar um papel fundamental na indústria farmacêutica para conceber novos alvos de medicamentos a partir de dados genómicos a um ritmo muito mais rápido. É preciso notar como a genómica alterou drasticamente a forma de descobrir medicamentos. Os genes causadores de doenças são identificados utilizando as ferramentas da genómica e da proteómica. O processo de conceção de um novo fármaco utilizando ferramentas bioinformáticas tem sido de grande ajuda na identificação de doenças-alvo, de compostos líderes interessantes e, através de estudos de acoplamento, na descoberta da interação eficaz entre o fármaco e o composto-alvo. A proteómica tem vantagens únicas e significativas como complemento importante da abordagem genómica, especificamente para a identificação de alvos/marcadores e para a validação/toxicologia de alvos, que são muito cruciais para transformar a molécula principal num medicamento.

A descoberta de medicamentos é um processo moroso e dispendioso. Está a tornar-se cada vez mais difícil encontrar novos compostos que conduzam a novos medicamentos. As vinte maiores empresas farmacêuticas gastaram mais de 1600 mil milhões de dólares em investigação e desenvolvimento nos últimos dois anos. O método atual de identificação de novos medicamentos centra-se na procura de candidatos biologicamente activos a partir de diferentes fontes. A química combinatória tem recebido muita atenção neste domínio. O processo de desenvolvimento de medicamentos cria uma versão cristalizada da molécula do medicamento, que também é patenteada. Determinar a estrutura cristalina e os seus possíveis polimorfos é um grande desafio. O passo seguinte é a formulação do medicamento. Aqui, o objetivo é obter um método de administração do medicamento da forma mais confortável para o doente, tendo em conta os custos e as questões logísticas. Estas questões incluem a taxa de libertação necessária, os custos de formulação do mecanismo (pó, líquido, etc.) e a forma da estrutura cristalina (se a molécula cristalizar efetivamente). Uma vez desenvolvida a formulação final do medicamento, podem ser iniciados os ensaios clínicos. Depois de a molécula inicial ser patenteada, o processo de investigação adicional, o desenvolvimento do medicamento e a realização de ensaios clínicos demoram cerca de oito anos. Uma vez que as patentes só duram 20 anos, o processo de desenvolvimento deixa apenas 12 anos para a empresa recuperar os custos de investigação e desenvolvimento. A questão que se coloca agora é: como se identifica um potencial medicamento? A resposta encontra-se atualmente no domínio da química combinatória.

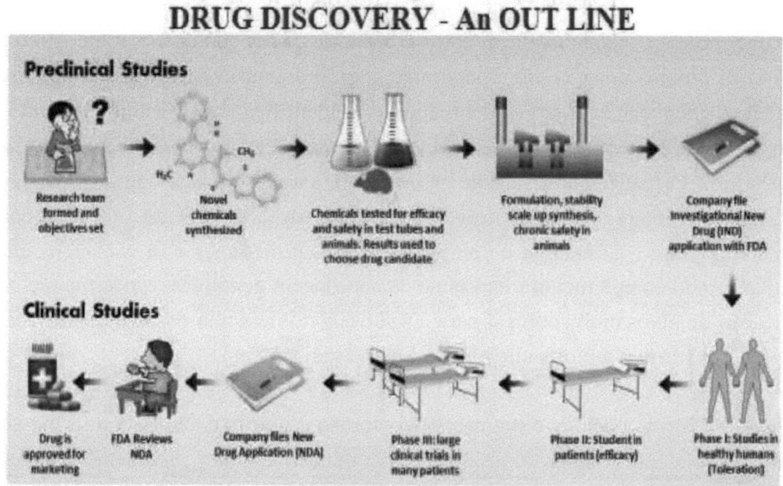

Figure.1   Outlines of drug design.

Química Combinatória

A tendência atual na procura de moléculas potenciais concentra-se na preparação de "bibliotecas químicas" ou "bases de dados de ligandos". Uma biblioteca química é uma coleção de moléculas diferentes criadas intencionalmente de forma sistemática. As moléculas podem ser preparadas por via sintética ou biossintética, analisadas quanto à sua atividade biológica e disponibilizadas ao público através da Internet. A química combinatória é uma estratégia sintética que conduz a grandes bibliotecas químicas e é geralmente definida como "a ligação covalente sistemática e repetitiva de um conjunto de diferentes 'blocos de construção' de estruturas variáveis entre si para produzir uma grande variedade de entidades moleculares diversas". Com o desenvolvimento de técnicas automatizadas e de elevado rendimento, é agora possível analisar centenas de milhares de compostos individuais por ano, por alvo farmacológico, utilizando a tecnologia *in silico*. A aplicação de técnicas de ensaio rápido aos compostos produzidos através da tecnologia química combinatória permite a criação de grandes populações químicas de moléculas que, após anotação, serão colocadas na base de dados de ligandos. Para iniciar a construção de uma biblioteca, é essencial uma variedade de moléculas pequenas e reactivas (blocos de construção química). Há uma série de critérios que são considerados ao decidir quais os blocos a utilizar. Os blocos de construção devem apresentar uma variedade de propriedades físico-químicas, funcionalidade, carga, conformação, etc. Cada bloco de construção é submetido a uma série de reacções fiáveis e de elevado rendimento para produzir uma população de produtos relacionados. A biblioteca deve ser uma população estável de moléculas com baixo peso molecular que não sejam reactivas nem tóxicas. É importante que a biblioteca contenha membros que sejam capazes de interagir com o alvo biológico de interesse. Existem dois tipos de estratégias no âmbito da química combinatória. O rastreio de base ampla (aleatório) cria uma vasta biblioteca com estruturas muito diversas, na esperança de identificar um ligando com afinidade significativa para o alvo. Esta estratégia incorpora menos estrutura na metodologia, com menos noções pré-concebidas sobre a estrutura das moléculas activas. No entanto, assim que uma pista está disponível, o foco da descoberta de medicamentos muda para uma analogia química

(seleção dirigida) ou estratégia de otimização. Neste caso, a ideia é criar uma população diversificada que se assemelhe muito à molécula original para otimizar a potência biológica. Neste caso, a biblioteca é mais pequena, a estrutura é limitada na sua diversidade e os métodos envolvidos são mais específicos e definidos.

Ensaios clínicos

Quando um medicamento é descoberto e formulado, começam os ensaios clínicos. É nesta área do processo de desenvolvimento de medicamentos que as estatísticas desempenham um papel importante. Como resultado da tragédia da talidomida, em 1962, a Lei dos Alimentos, Medicamentos e Cosméticos foi alterada, exigindo provas de eficácia antes de um medicamento poder ser comercializado. A estatística passou para a linha da frente, com os estatísticos a participarem na conceção, implementação e análise de ensaios clínicos. Atualmente, a ênfase passou a ser colocada na eficiência e na oportunidade do processo de análise de medicamentos, uma vez que tanto o público como a indústria exigem análises rápidas e acesso a medicamentos experimentais. Há também algumas questões estatísticas que continuam a ser discutidas por ainda não terem sido resolvidas - a multiplicidade, a não conformidade e a integridade dos dados são exemplos. O processo regulamentar exige que seja utilizada uma metodologia rigorosa na conceção, execução e análise dos ensaios clínicos. Ao analisar um pedido de registo de um novo medicamento, uma comissão reguladora está interessada em várias características do ensaio. A população analisada é importante porque afecta a generalização dos resultados. Se o medicamento foi testado num grupo de homens com idades compreendidas entre os 25 e os 40 anos, qualquer efeito do medicamento encontrado não foi comprovado para mulheres com mais de 65 anos, por exemplo. Uma população restrita testada torna mais fácil encontrar um efeito, mas restringe a aplicabilidade dos resultados. Por outro lado, se a população for demasiado vasta, o efeito pode não ser encontrado, uma vez que se dilui na variedade de indivíduos testados. Uma empresa farmacêutica gostaria de efetuar testes numa população tão vasta quanto possível, sem deixar de ser capaz de detetar qualquer efeito do tratamento. Outra área de interesse é a escolha dos parâmetros. Para determinar se um tratamento está a ter um efeito, é necessário medir alguma resposta. Uma resposta é designada por variável de resposta primária. No entanto, frequentemente, o resultado de interesse real não é mensurável. Há duas razões principais para que isso aconteça: a resposta clínica demora muito tempo a ocorrer, em média, ou a resposta de maior interesse é difícil de observar ou medir. Exemplos da primeira razão incluem a medição das contagens de CD4 ou da contração do tumor em vez da morte como resultado. Um exemplo do segundo é a medição da acumulação de placas na artéria carótida (no pescoço) quando a resposta de interesse é a acumulação nas artérias coronárias, uma vez que a medição no coração é um procedimento invasivo e perigoso. Espera-se que os efeitos sejam comparáveis entre a resposta medida e a resposta real, mas a ligação entre o resultado clínico e o parâmetro de substituição deve ser estabelecida. Normalmente, num estudo que utiliza resultados substitutos, é utilizado mais do que um resultado na análise do efeito do tratamento, pelo que é necessário encontrar uma forma de lidar com mais do que uma resposta (o procedimento normal é considerar um resultado como o parâmetro primário e todos os outros como resultados secundários). O tamanho da amostra é um fator determinante muito importante para encontrar um efeito. Antes de iniciar um estudo, calcula-se o número de indivíduos necessários para detetar um efeito do tratamento. Sem um número suficiente de indivíduos, não é possível fazer afirmações sobre o efeito. A dimensão da amostra depende de vários factores: a variabilidade da população, as taxas de erro desejadas e a magnitude do efeito (a diferença detetável entre as médias dos grupos de tratamento e de controlo, por exemplo). Quanto maior for o número de sujeitos, maiores são as hipóteses de encontrar um efeito. No entanto, cada sujeito adicional requer mais recursos. Estas duas considerações devem ser equilibradas quando se considera a dimensão da amostra necessária. Um aspeto fundamental para a validade de quaisquer resultados é o método de aleatorização. O conceito de aleatorização é parte integrante do processo estatístico, uma vez que permite ao experimentador controlar (a longo prazo, para grandes amostras) os efeitos conhecidos e desconhecidos que irão confundir o estudo - ou seja, as variáveis que não controlamos explicitamente na conceção e análise e que podem interferir com os resultados. Sendo um fator tão importante para fazer afirmações estatísticas, o comité de revisão está preocupado com os métodos utilizados para aleatorizar os sujeitos para os tratamentos. O efeito placebo é um fenómeno bem documentado em que as pessoas se sentem melhor quando tomam um tratamento, embora estejam apenas a receber um comprimido de açúcar. Para controlar este efeito, porque o conhecimento do tratamento pode afetar as respostas do doente, o sujeito deve desconhecer o tratamento que está a receber. Trata-se de uma cegueira simples. Uma salvaguarda adicional é a dupla ocultação, em que as pessoas que avaliam os efeitos do tratamento não sabem qual o tratamento que o sujeito está a receber. Finalmente, o comité de revisão investiga se a análise estatística real é equivalente ao plano de análise estatística. Num protocolo de ensaio clínico, a empresa farmacêutica é obrigada a descrever os métodos de análise planeados, com detalhes específicos. Os desvios ao plano não são encorajados pela comissão de revisão, uma vez que levantam a questão "Porquê?". Quaisquer alterações na abordagem de análise devem ser justificadas no pedido de autorização de introdução no mercado ao comité de revisão.

3. Genómica e proteómica na descoberta de medicamentos

É preciso notar como a genómica alterou drasticamente o modo de descoberta de medicamentos. Agora, a sequência do genoma humano está disponível ao público (no NCBI) e é necessário "extrair" os dados da sequência ("data mining") para descobrir o seu significado, o que oferece uma perspetiva muito rica de encontrar melhores alvos para os medicamentos.

O que é necessário fazer é anotar as sequências do genoma e procurar os genes responsáveis pelo desenvolvimento da doença. Depois de anotar a sequência específica de ADN, executar programas de tradução para obter a sequência de proteínas. Uma vez estabelecida a estrutura primária da proteína, efetuar a pesquisa na base de dados de proteínas semelhantes noutros organismos (NCBI-BLAST). Descobrir as coordenadas estruturais das proteínas com semelhanças na PDB e criar um modelo 3D da proteína hipotética. Uma vez construída a estrutura 3 D da proteína-alvo, esta pode ser utilizada para estudos de interação de ligandos com dock ou prodock para descobrir a melhor molécula de fármaco possível.

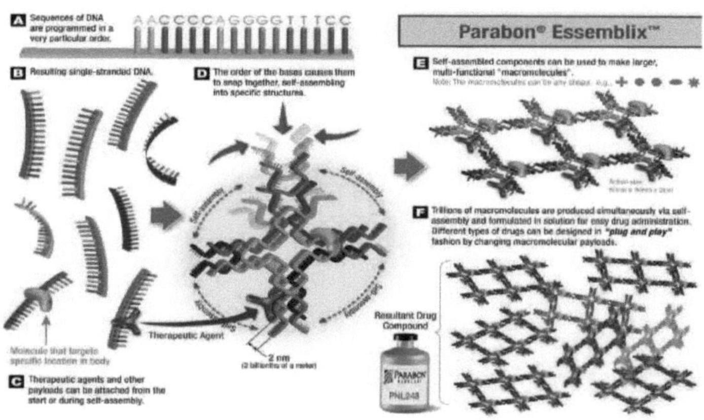

Figure. 2   Outline of genome based drug design

No entanto, pode não haver uma boa correlação entre a expressão genética e a expressão proteica, uma vez que a maioria dos processos e tratamentos de doenças se manifestam a nível proteico. Pensa-se que a análise da expressão genética, por si só, será totalmente inadequada para a descoberta de medicamentos. A proteómica tem vantagens únicas e significativas como complemento importante de uma abordagem genómica.

Identificação de alvos/marcadores - Esta aplicação da proteómica fornece um perfil proteico de uma célula, tecido e/ou fluidos corporais que pode ser utilizado para comparar um estado saudável com um estado doente para detetar diferenças proteicas na procura de medicamentos ou alvos de medicamentos.

Validação de alvos/toxicologia - A proteómica pode ser aplicada como um procedimento de ensaio para a utilidade potencial de candidatos a medicamentos. Isto pode ser conseguido através de uma análise comparativa de perfis proteicos de referência de estados normais ou doentes com perfis após tratamento com medicamentos. A tecnologia proteómica pode também ser integrada na química combinatória para avaliar as relações comparativas estrutura-atividade dos análogos de medicamentos. Uma variação da validação de alvos consiste em estudar a toxicidade dos medicamentos através da proteómica. Uma comparação dos perfis proteicos do tecido normal ou do tecido tratado com o agente tóxico conhecido pode dar uma indicação da atividade tóxica do fármaco. Um exemplo disto foi o estudo da atividade tóxica da ciclosporina A (CsA) nos rins. Foram comparados perfis de gel 2D de proteínas de rim de rato com ou sem tratamento com CsA. Uma das manchas proteicas foi identificada como calbindina, que se encontra nos túbulos renais e está envolvida na ligação e transporte de cálcio. Há boas provas de que os efeitos tóxicos da CsA estão ligados à diminuição da calbindina. A análise em gel 2D do tecido renal permitiu obter novos conhecimentos sobre os efeitos secundários da CsA. E, tal como acontece com a validação de alvos, uma base de dados dos perfis proteicos após o tratamento com agentes tóxicos conhecidos pode ser utilizada como referência para fins comparativos quando se investigam os efeitos secundários de novos medicamentos. A tecnologia proteómica está a avançar a passos largos, mas os obstáculos são maiores do que tudo o que a biologia molecular ainda tem de ultrapassar. O ADN pode ser amplificado; as proteínas não. O ADN é um código linear definido nos anos 50; as proteínas dobram-se de forma desconcertante e interagem de forma imprevisível. O ADN é basicamente estático; as proteínas mudam de várias formas, mesmo numa célula individual, durante um curto período de tempo. Mas o domínio das proteínas é essencial para o progresso da biologia. É a base de domínios como o diagnóstico e os produtos farmacêuticos.

4. Conceção de medicamentos baseada na estrutura

Em qualquer estratégia de conceção de medicamentos, a essência do problema é encontrar uma chave proteica que corresponda a uma determinada enzima. Para tal, as experiências baseadas na estrutura têm tentado trabalhar no sentido inverso, partindo da forma física da enzima (fechadura) para uma proteína ou outra molécula que interaja fortemente com o seu sítio ativo (chave). O primeiro passo neste problema é desenvolver ferramentas para avaliar a forma 3D da enzima, que também pode ser utilizada para examinar/selecionar possíveis fármacos. Existem várias classes de fármacos, como já foi referido. Uma de particular interesse para as iniciativas de desenvolvimento baseadas na estrutura (financeiramente e como foco para a proteómica) são os chamados inibidores de pequenas moléculas (SMI). Os SMI são pequenas proteínas, normalmente com apenas uma ou duas subunidades de tamanho total inferior a 150 aminoácidos. Normalmente, tentam inibir as vias biológicas através do mecanismo mais simples: ligação extremamente eficiente ao local ativo de uma enzima ou outro alvo. Ao contrário do substrato normal da enzima-alvo, uma vez ligados, permanecem bloqueados na sua posição durante um período prolongado, impedindo que a molécula da enzima traduza o seu substrato num outro produto e, por conseguinte, interrompendo a via. Uma nota importante é que as enzimas são muitas vezes extremamente eficientes e, portanto, existem em concentrações muito pequenas. Por este motivo, não são necessárias doses avassaladoras de tais inibidores. O tamanho reduzido destes inibidores também confere certas vantagens termodinâmicas, uma vez que requerem menos energia para se deslocarem pelo corpo, se degradarem, etc.

5. Acoplamento proteína-ligante

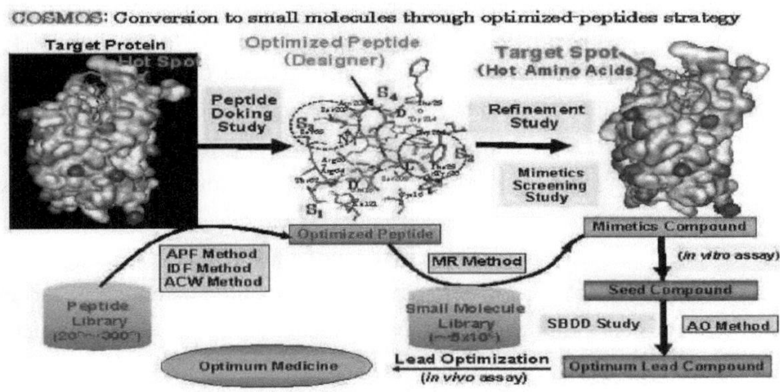

Figure 3. Outline of structure based drug design

Visão geral da seleção de SMI e da previsão de dobras

A pequena dimensão destes inibidores simplifica a previsão da sua conformação 3D, o que os torna excelentes candidatos para iniciativas de conceção de medicamentos com base na estrutura (SBDD). A seleção tradicional de SMIs tem sido frequentemente uma pesquisa algo aleatória, e as abordagens baseadas na estrutura tentam procurar padrões, ou moléculas, na conformação 3D de uma enzima que possam ligar fortemente uma determinada caraterística estrutural de um fármaco. Fendas características, bolsas hidrofílicas e/ou fóbicas e até hidrogénios ou oxgénios salientes podem ser identificados como metade de uma determinada funcionalidade. A partir desse conhecimento, um cientista pode trabalhar com ferramentas de automatização para tentar encontrar características como folhas, hélices, dedos, saliências hidrofóbicas e parceiros de ligação de hidrogénio para preencher os espaços-alvo. Dada a enormidade de um genoma, mesmo trivial, o SBDD tem de trabalhar num pequeno subconjunto de candidatos bem seleccionados. A parte "fácil" do problema é a análise da enzima, uma vez que sabemos qual a sequência que queremos avaliar. Quando se procura uma chave, as grandes bases de dados de genomas são muitas vezes analisadas com os vários motores de busca já vistos para encontrar sequências semelhantes a uma biblioteca de conformações locais conhecidas. Estão a ser desenvolvidas muitas outras técnicas para determinar e/ou examinar a conformação tridimensional de uma proteína, e muitas delas são bastante promissoras para pequenas moléculas como as SMI. Uma caraterística da dobragem das proteínas que tem aliviado os caçadores de medicamentos é a existência de "famílias de dobras". As sequências primárias com apenas 25-30% de homologia podem ser designadas "homólogos remotos" (embora a previsão da dobragem a partir desta semelhança não seja fiável, é a base da maioria das análises comparativas). Quando analisadas em termos de forma funcional global, as proteínas parecem enquadrar-se num pequeno número de famílias de dobras. O número exato de famílias é contestado na literatura e está a aumentar, embora muito mais lentamente do que o número de proteínas registadas. Um cientista que tente encontrar uma proteína que se dobre numa determinada forma só precisa de usar o BLAST, o FASTA ou outro motor de busca para procurar sequências numa base de dados que possam assumir essa conformação geral. Opcionalmente, se o investigador tiver determinado quais os motivos de pequena escala que devem ser encontrados no fármaco alvo, pode ser feita uma pesquisa de produtos naturais num genoma com as subunidades e a conformação geral desejadas. Estes produtos naturais podem, então, ser ligeiramente alterados para eliminar os seus componentes activos e aumentar a sua afinidade de ligação à enzima-alvo.

6. Docking proteína-ligante

Uma parte importante da conceção de medicamentos provém da abordagem da química combinatória. As empresas farmacêuticas preocupam-se principalmente com os ligandos que irão provocar uma resposta desejada num indivíduo. Muitas vezes, isto é conseguido com pouca ou nenhuma compreensão da química subjacente. Isto quase pode ser visto como análogo à imagem clássica de mil macacos a martelar em mil máquinas de escrever. Se se fizerem ensaios suficientes para resolver o problema, é provável que se encontre algo que pareça uma cura. Mas a chave é que, no momento em que se identificam os químicos que produzem o efeito desejado, não se está mais perto de compreender a cura. Muitas vezes, o mecanismo exato só será compreendido muito depois da fase clínica. No entanto, o quadro do desenvolvimento de medicamentos é um quadro que troca a tolerância pela resposta. Muitos dos medicamentos mais conhecidos, como os que são utilizados no tratamento do VIH, têm efeitos secundários desagradáveis que só dificilmente são compensados pelos benefícios da sua toma.

Muitas vezes, os efeitos secundários devem-se à falta de especificidade do medicamento em relação ao alvo pretendido. Se for possível encontrar um produto químico que tenha uma afinidade mais forte para o local de ligação do fármaco original, então o novo candidato pode ser administrado em doses mais baixas (e, espera-se, menos tóxicas) para produzir o efeito desejado. Idealmente, as proteínas que não são alvos do medicamento serão menos afectadas pelo novo medicamento. Levando isto ao extremo, o medicamento perfeito irá interagir apenas com a proteína alvo e terá uma afinidade perfeita apenas para o local de ligação. Este é o Santo Graal da conceção de um medicamento perfeito.

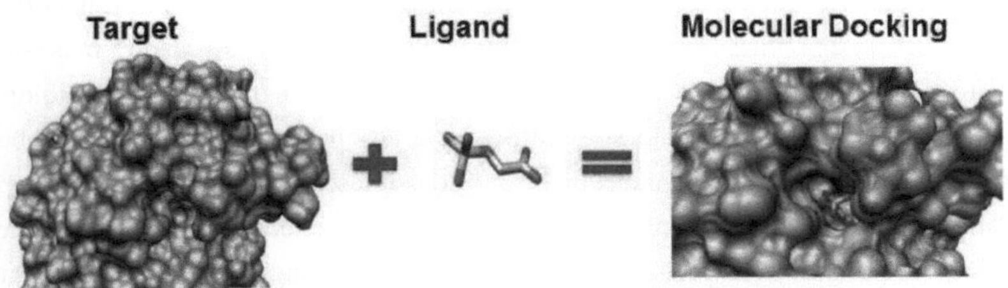

Figure 4. Ligand-Receptor analysis by Docking

A ideia básica é bastante simples. Depois de descobrir como é que um ligando existente se liga a uma proteína, tente descobrir que outras moléculas se ligarão de forma semelhante, esperemos que ainda mais apertada do que antes. Levando esta ideia um pouco mais longe, dada uma proteína que se quer afetar, encontrar uma molécula para ativar ou inibir o sítio ativo. Os candidatos a ligandos são avaliados por algum tipo de medida que tenta ter em conta a energia da interação proteína-ligando, que normalmente se resume a cálculos complexos de energia do sistema. Quando se encontram os ligandos que se ligam com a energia mais baixa, tem-se um conjunto refinado de candidatos a fármacos para testar. No entanto, existem muitas complicações que tornam esta tarefa muito difícil. Em primeiro lugar, dado um ligando e uma proteína, há um número infinito de orientações que os dois podem assumir, qualquer uma das quais é a conformação ideal. *Como é que a pesquisa pode ser reduzida apenas às conformações relevantes?* Mesmo que um ligando se encaixe perfeitamente no local ativo, não há garantia de que a proteína tenha a flexibilidade necessária para permitir que o ligando atinja essa conformação. *Como é que o processo de acoplamento é modelado em função do tempo?* Talvez ainda mais importante seja o cálculo da energia do sistema.

Com o avanço dos estudos genómicos e das ferramentas de bioinformática, a visão da conceção de medicamentos vai mudar. O desenvolvimento futuro de medicamentos vai começar a envolver abordagens mais directas para resolver o problema, permitindo a descoberta de medicamentos quase perfeitos. A conceção de medicamentos baseada na estrutura, com o envolvimento de sequências genómicas de agentes patogénicos, está a mostrar-se mais promissora como uma técnica viável no ciclo de desenvolvimento. A maior parte das indústrias farmacêuticas vai analisar uma faceta deste tipo de conceção de medicamentos para obter vantagens em relação a outras indústrias concorrentes. A descoberta de medicamentos deixou de ser um processo aleatório. Há uma mudança da descoberta descritiva para a descoberta preditiva. Um passo importante na descoberta de medicamentos é a identificação económica de moléculas líderes. A conceção de medicamentos assistida por computador (CADD), também designada conceção molecular assistida por computador (CAMD), representa aplicações mais recentes dos computadores como ferramentas no processo de conceção de medicamentos. Os computadores não substituem uma compreensão clara do sistema que está a ser estudado, mas são um instrumento adicional para obter uma melhor compreensão da química e da biologia do problema. A técnica é utilizada não só para prever a atividade biológica, mas também as propriedades físico-químicas e farmacêuticas antes da síntese. Muitas das grandes empresas farmacêuticas criaram grupos internos de bioinformática cujo objetivo é vencer a concorrência na procura de soluções para um problema que possa dar à sua empresa uma vantagem crucial na produção do próximo grande medicamento.

As abordagens computacionais que "encaixam" pequenas moléculas nas estruturas de alvos macromoleculares e "classificam" a sua potencial complementaridade com os locais de ligação são amplamente utilizadas na identificação de resultados e na otimização de produtos. Com efeito, existem atualmente vários medicamentos cujo desenvolvimento foi fortemente influenciado ou baseado em estratégias de conceção e rastreio baseadas na estrutura, como os inibidores da protease do VIH. No entanto, continuam a existir desafios significativos na aplicação destas abordagens, em especial no que se refere aos actuais esquemas de pontuação.

7. Uma visão geral da conceção de medicamentos

Introdução geral: A descoberta e o desenvolvimento de medicamentos é um esforço intenso, moroso e interdisciplinar. A descoberta de medicamentos é geralmente retratada como um processo linear e consecutivo que começa com a descoberta de alvos e de pistas, seguida da otimização de pistas e de estudos pré-clínicos *in vitro* e *in vivo* para determinar se esses compostos satisfazem uma série de critérios pré-estabelecidos para iniciar o desenvolvimento clínico. Para a indústria farmacêutica, o número de anos necessários para levar um medicamento da descoberta ao mercado é de aproximadamente 12-14 anos e custa até 1,2 - 1,4 mil milhões de dólares. Tradicionalmente, os medicamentos eram descobertos sintetizando compostos num processo moroso de várias etapas, com base numa bateria de testes biológicos *in vivo*, e investigando posteriormente os candidatos promissores quanto às suas propriedades farmacocinéticas, metabolismo e toxicidade potencial. Este processo de desenvolvimento resultou em elevadas taxas de desgaste, sendo os insucessos atribuídos a uma farmacocinética deficiente (39%), à falta de eficácia (30%), à toxicidade animal (11%), aos efeitos adversos no ser humano (10%) e a vários factores comerciais e diversos. Atualmente, o processo de descoberta de medicamentos foi revolucionado com o advento da genómica, da proteómica, da bioinformática e de tecnologias eficientes como a química combinatória, o rastreio de alto rendimento (HTS), o rastreio virtual, a conceção *de novo*, o rastreio ADMET *in vitro, in silico* e a conceção de medicamentos baseada na estrutura.

Conceção de medicamentos in silico: Os métodos in silico podem ajudar a identificar os alvos dos medicamentos através de ferramentas de bioinformática. A utilização de computadores e de métodos computacionais permeia atualmente todos os aspectos da descoberta de medicamentos e constitui o núcleo da conceção de medicamentos baseada na estrutura. A computação de alto desempenho, o software de gestão de dados e a Internet estão a facilitar o acesso a uma enorme quantidade de dados gerados e a transformar os dados biológicos complexos e maciços em conhecimentos viáveis no processo moderno de descoberta de medicamentos.

Softwares utilizados na conceção de medicamentos: Existem vários programas informáticos online e offline disponíveis para a conceção de fármacos in Silico.
Ex: SwissBioisostere, eDesign, ChemDB/Datasets, molinspiration cheminformatics, etc.
Ferramentas para a representação de estruturas químicas:
ChemDraw, MarvinSketch, ACD/ChemSketch, jsMolEditor, Marvinmolecul
eeditorandviewer, Ketcher, UCSFChimera, PyMOL, etc.

8. Molinspiration Chemin formatics:

http://www.molinspiration.com/Affee software em linha que se centra no desenvolvimento e na aplicação de técnicas modernas de quimioinformática, especialmente em ligação com a Web. A Molinspiration foi fundada em 1986 como um spin-off da Universidade de Bratislava. A Molinspiration é uma organização de investigação independente centrada no desenvolvimento e na aplicação de técnicas de quimioinformática modernas, especialmente em ligação com a Internet.

O Molinspiration oferece uma vasta gama de ferramentas de software de quiminformática que suportam a manipulação e o processamento de moléculas, incluindo a conversão de SMILES e SDfile, a normalização de moléculas, a geração de tautómeros, a fragmentação de moléculas, o cálculo de várias propriedades moleculares necessárias em QSAR, a modelação molecular e a conceção de medicamentos, a representação de moléculas de alta qualidade, ferramentas de bases de dados moleculares que suportam a pesquisa de subestruturas ou semelhanças e a pesquisa de semelhanças farmacóforas.

As ferramentas do Molinspiration são, portanto, independentes da plataforma e podem ser executadas em qualquer máquina PC, Mac, UNIX ou LINUX. O software é distribuído sob a forma de kits de ferramentas, que podem ser utilizados como motores computacionais autónomos, utilizados para alimentar ferramentas baseadas na Web ou facilmente incorporados em aplicações Java internas de maior dimensão.

O JSME é um editor de moléculas gratuito escrito em JavaScript. O JSME é um sucessor direto do applet JME Molecule Editor. O JSME suporta o desenho e a edição de moléculas e reacções em computadores de secretária, bem como em dispositivos portáteis, incluindo iPhone, iPad e smartphones e tablets Android. O editor pode exportar moléculas como SMILES, MDL/Symyx/AccelrysMolfile ou no seu próprio formato compacto (representação textual de uma linha de uma molécula ou reação, incluindo também coordenadas atómicas 2D). O código SMILES gerado pelo JSME é canónico, ou seja, independente da forma como a molécula foi desenhada. O applet também pode servir como ferramenta de introdução de consultas para pesquisar bases de dados moleculares, suportando a criação de consultas de subestruturas complexas, que são automaticamente traduzidas em SMARTS. A introdução de reacções também é suportada, incluindo a geração de SMILES e SMIRKS de reação. É também suportada a cópia de SMILES de moléculas ou de um Molfile para a área de transferência do sistema e a colagem de Molfile da área de transferência para o editor.

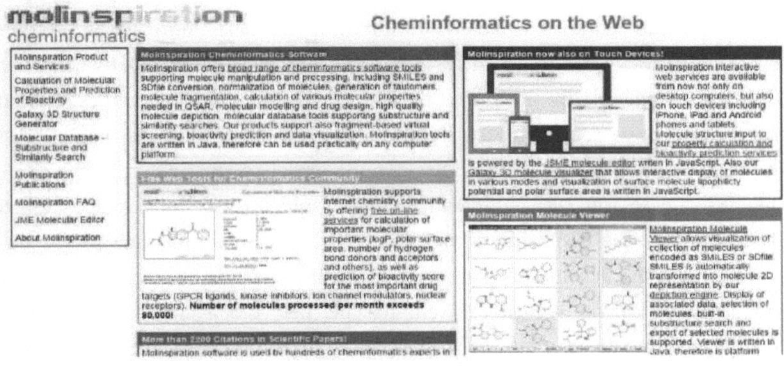

Figure 5.Web page of molinspiration Chem-informatics

Cálculo das propriedades moleculares e da pontuação bioactiva

As propriedades moleculares do fármaco incluem o peso molecular, o volume, o TPSA, o aceitador/doador de electrões e as ligações rotativas que podem ser calculadas para prever a bioatividade de qualquer molécula. As propriedades físico-químicas consideradas nesta discussão são importantes porque estão todas relacionadas com o transporte da molécula do fármaco para o seu local de ação, mais do que provavelmente um recetor com o qual o fármaco irá interagir num determinado tecido. Um fármaco administrado por via oral tem de atravessar várias membranas semipermeáveis antes de chegar ao seu destino. A eficiência da passagem depende das características de solubilidade do fármaco, ou seja, do seu comportamento em solução aquosa e em relação aos lípidos. Além disso, note-se que, em cada compartimento, a molécula está sujeita a vários factores que tendem a diminuir a concentração da forma ativa. Assim, o fármaco pode ser constantemente excretado, quer diretamente, quer após inativação bioquímica. A solubilidade é importante para a bioatividade. Muitos grupos de fármacos, em especial os que têm estruturas estreitamente relacionadas, apresentam uma relação direta com a solubilidade (ou seja, uma maior solubilidade lipídica corresponde a uma maior bioatividade). Esta correlação é verdadeira em anestésicos gerais, anestésicos locais, certos agentes antibacterianos, agentes antivirais e outros. Naturalmente, os factores de solubilidade estão intimamente relacionados com a absorção do fármaco. O grau de absorção é um determinante importante da intensidade da ação do fármaco.

Para além da solubilidade lipídica, outra propriedade físico-química das moléculas, que afecta diretamente a solubilidade, é o grau de natureza electrolítica do fármaco. Todos os compostos químicos podem ser classificados pelo seu comportamento de condutivid eléctrica em solução aquosa. Quando dissolvidos, os sais inorgânicos dissociam-se completamente em iões (partículas carregadas). Os iões com carga positiva, que têm um défice de electrões em relação ao átomo neutro, são designados por catiões, enquanto os iões com carga negativa (com excesso de electrões) são designados por aniões. Assim, o cloreto de sódio dissocia-se ou ioniza-se, produzindo iões de sódio e iões cloreto.

As substâncias que se ionizam completamente em solução são consideradas electrólitos fortes. Os compostos que não estão completamente dissociados, mas que são ainda muito solúveis em água, são designados por não electrólitos. Normalmente, não aumentam a condutividade eléctrica da solução. Exemplos de não electrólitos são os compostos orgânicos polares como os açúcares, os álcoois de baixo peso molecular e a ureia. A maioria dos fármacos pertence a uma terceira categoria, a dos electrólitos fracos. Estas substâncias são apenas parcialmente ionizadas em solução. Existem como uma mistura de formas moleculares ionizadas e não ionizadas.

9. Regra dos 5 de Lipinski

Regra de Lipinski dos 5 Ajuda a distinguir entre moléculas semelhantes a fármacos e moléculas não semelhantes a fármacos. Prevê uma elevada probabilidade de sucesso ou insucesso devido à semelhança com medicamentos para moléculas que cumpram 2 ou mais das seguintes regras

- Massa molecular inferior a 500 Dalton
- Elevada lipofilicidade (expressa em LogP inferior a 5)
- Menos de 5 dadores de ligações de hidrogénio (nOHNH)
- Menos de 10 aceitadores de ligações de hidrogénio (nON)
- Superfície polar não superior a 140 A^2

a)   Coeficiente de partição octanol-água logP

O LogP é utilizado em estudos QSAR e na conceção racional de medicamentos como uma medida da hidrofobicidade molecular. A hidrofobicidade afecta a absorção e a biodisponibilidade dos fármacos, as interacções fármaco-recetor hidrofóbicas, o metabolismo das moléculas, bem como a sua toxicidade. O LogP tornou-se também um parâmetro-chave nos estudos sobre o destino ambiental dos produtos químicos. O método de previsão de logP desenvolvido no Molinspiration (miLogP2.2 - novembro de 2005) baseia-se em contribuições de grupo. Estas foram obtidas através do ajuste do logP calculado com o logP experimental para um conjunto de treino de mais de doze mil moléculas, na sua maioria semelhantes a fármacos. Desta forma, foram obtidos valores de hidrofobicidade para 35 pequenos fragmentos "básicos" simples, bem como valores para 185 fragmentos maiores, caracterizando a contribuição das ligações de hidrogénio intramoleculares para o logP e as interacções de carga. A metodologia Molinspiration para o cálculo do logP é muito robusta e é capaz de processar praticamente todas as moléculas orgânicas e a maioria das moléculas organo-metálicas. Para 50,5% das moléculas, o logP é previsto com um erro < 0,25, para 80,2% com um erro < 0,5 e para 96,5% com um erro < 1,0. Apenas para 3,5% das estruturas o logP é previsto com um erro > 1,0. Os parâmetros estatísticos listados acima classificam o Molinspiration miLogP como um dos melhores métodos disponíveis para a previsão de logP. O miLogP é utilizado devido à sua robustez e boa qualidade de previsão na popular base de dados ZINC para rastreio virtual.

b) Área de superfície polar molecular TPSA

É calculado com base na metodologia publicada por Ertlet *al.* como uma soma das contribuições dos fragmentos. São considerados os fragmentos polares centrados nos átomos O e N. O PSA demonstrou ser um excelente descritor que caracteriza a absorção de fármacos, incluindo a absorção intestinal e a biodisponibilidade. É um parâmetro muito útil para a previsão das propriedades de transporte de fármacos. A área de superfície polar é definida como a soma das superfícies dos átomos polares (geralmente oxigénio, azoto e átomos de hidrogénio ligados) numa molécula. Demonstrou-se que este parâmetro se correlaciona muito bem com a absorção intestinal humana, a permeabilidade da monocamada de Caco-2 e a penetração na barreira hemato-encefálica do World Drug Index.

d) Volume molecular

O método de cálculo do volume da molécula desenvolvido no Molinspiration baseia-se em contribuições de grupo. Estas foram obtidas através do ajuste da soma das contribuições dos fragmentos ao volume 3D "real" para um conjunto de treino de cerca de doze mil moléculas, na sua maioria semelhantes a fármacos. As geometrias moleculares 3D para um conjunto de treino foram totalmente optimizadas pelo método semi-empírico AMI. O volume molecular determina as características de transporte das moléculas, como a absorção intestinal ou a penetração na barreira hemato-encefálica. Por conseguinte, o volume é frequentemente utilizado em estudos QSAR para modelar as propriedades moleculares e a atividade biológica. Podem ser utilizados vários métodos para calcular o volume molecular, incluindo métodos que requerem a geração de geometrias moleculares 3D, ou métodos de contribuição de fragmentos, como a aproximação do volume de McGowan. O método de cálculo do volume da molécula desenvolvido no Molinspiration baseia-se em contribuições de grupo. Estas foram obtidas através do ajuste da soma das contribuições dos fragmentos ao volume 3D "real" para um conjunto de treino de cerca de doze mil moléculas, na sua maioria semelhantes a fármacos. As geometrias moleculares 3D para um conjunto de treino foram totalmente optimizadas pelo método semi-empírico AMI. O volume calculado é expresso em Angstroms cúbicos (A^3). A metodologia Molinspiration para o cálculo do volume molecular é muito robusta e é capaz de processar praticamente todas as moléculas orgânicas e a maioria das moléculas organo-metálicas. Os parâmetros estatísticos listados acima mostram que o método rápido baseado em 2D do Molinspiration para o cálculo do volume molecular fornece resultados idênticos ao cálculo de volume baseado em 3D, muito mais exigente do ponto de vista computacional, por apenas uma fração do tempo de computação.

Tarefa-1: Conceção e preparação da biblioteca de Genisteína.

A genisteína é um fitoestrogénio e pertence à categoria das isoflavonas. A genisteína foi isolada pela primeira vez em 1899 da vassoura de tintureiro, *Genistatinctoria;* daí o nome químico. Além de funcionar como antioxidante e anti-helmíntico, foi demonstrado que muitas isoflavonas interagem com os receptores de estrogénio animais e humanos, causando efeitos no organismo semelhantes aos causados pela hormona estrogénio. As isoflavonas também produzem efeitos não hormonais.

Funções moleculares:

A genisteína influencia múltiplas funções bioquímicas nas células vivas:

- agonista completo de ERβ (EC_{50} = 7,62 nM) e, em muito menor grau (~20fold), agonista completo ou agonista parcial de ERα
- agonista do GPER (GPR30)
- ativação dos receptores activados por proliferadores de peroxissoma (PPAR)
- inibição de várias tirosina-quinases
- inibição da topoisomerase
- inibição da AAAD
- antioxidação direta com algumas características proxidativas
- ativação da resposta antioxidativa Nrf2
- estimulação da autofagia
- inibição do transportador de hexoses GLUT1 dos mamíferos
- contração de vários tipos de músculos lisos
- Modulação do canal CFTR, potenciando a sua abertura a baixa concentração e inibindo-a em doses mais elevadas.
- inibição da metilação da citosina
- inibição da DNA metiltransferase
- inibição do recetor de glicina

   Como uma boa aplicação clínica da genisteína, é necessário descobrir novos análogos que sejam mais potentes do que a sua molécula de origem em farmacologia, desenvolvidos através da conceção de medicamentos e da tecnologia computacional.

Os passos para a conceção e o filtro de Lipinski dos derivados de Genisteína através do servidor online molinspiration são os seguintes

>> Abrir a página web de cheminformatics do molinspiration

>> clique em Cálculo das propriedades moleculares e previsão da bioatividade no lado esquerdo da página Web

>> Calculadora de propriedades moleculares aberta

>> Desenhar a molécula de chumbo utilizando os símbolos da caixa

>> calcular as propriedades e prever as bioactividades

>> Preparar a biblioteca de milhares de moléculas.

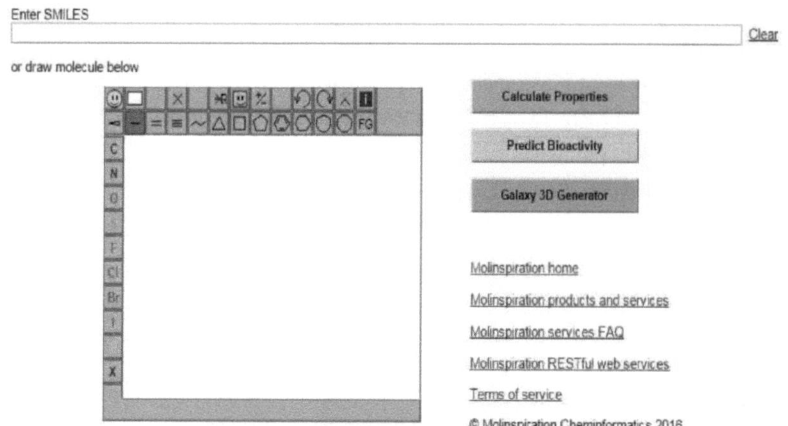

Figure 6. Molecular property calculator engine

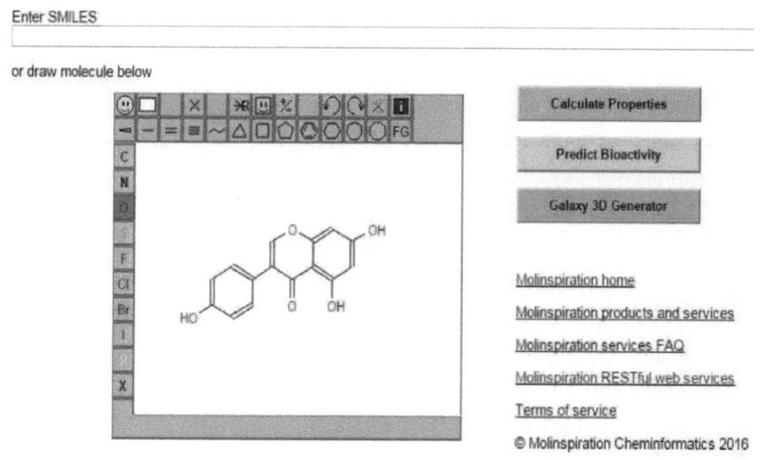

miSMILES Oc3ccc(c2coc1cc(O)cc(O)c1c2=O)cc3

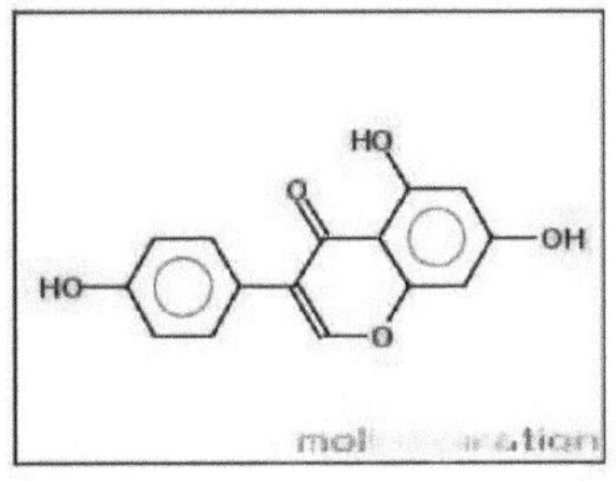

Molinspiration property engine v2014.11

miLogP	2.27
TPSA	90.89
natoms	20
MW	270.24
nON	5
nOHNH	3
nviolations	0
nrotb	1
volume	224.05

Get data as text (for copy / paste).

Get 3D geometry BETA

This was request 39 out of 1000 available this month for your site 14.139.86.34
With technology from Molinspiration you can easily setup similar service also directly on your intranet.
Comments or questions ? See our FAQ and do not hesitate to provide feedback or contact us by email !

New molecule   Predict bioactivity   About properties   Molinspiration RESTful services   Molinspiration home

miSMILES Oc3ccc(c2coc1cc(O)cc(O)c1c2=O)cc3

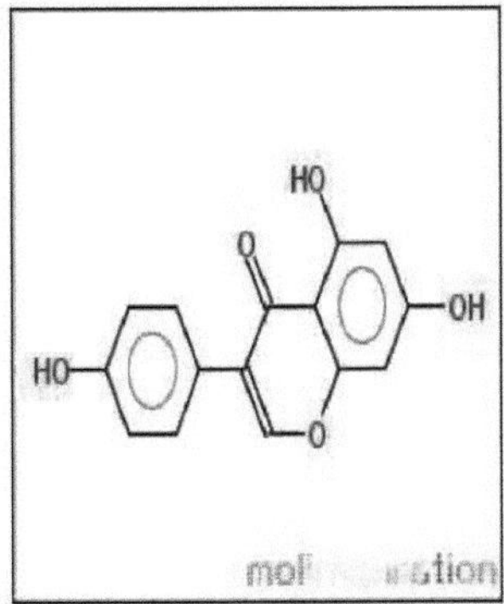

Molinspiration bioactivity score v2014.03

GPCR ligand	-0.22
Ion channel modulator	-0.54
Kinase inhibitor	-0.06
Nuclear receptor ligand	0.23
Protease inhibitor	-0.68
Enzyme inhibitor	0.13

Get data as text (for copy / paste).

Get 3D geometry BETA

This was request 41 out of 1000 available this month for your site 14.139.86.34
With technology from Molinspiration you can easily setup similar service also directly on your intranet.
Comments or questions ? See our FAQ and do not hesitate to provide feedback or contact us by email !

New molecule   Calculate properties   About bioactivity score   Molinspiration RESTful services   Molinspiration home

miSMILES Oc3ccc(c2coc1cc(S)cc(O)c1c2=O)cc3

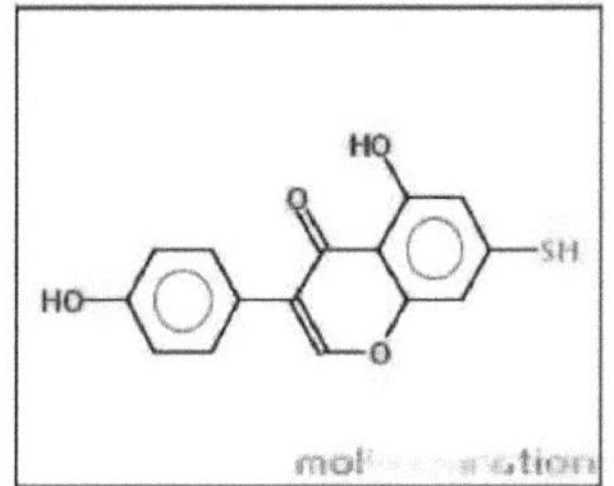

Derivado-1

miSMILES Oc3ccc(c2coc1cc(S)cc(O)c1c2=O)cc3

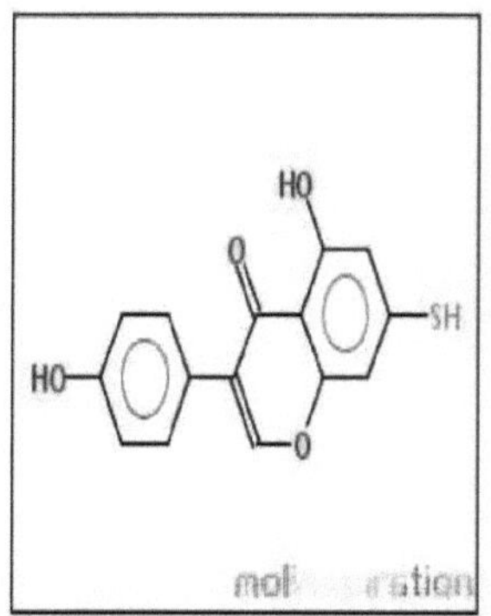

Derivado-2

miSMILES Nc2cc(O)cc3occ(c1ccc(O)cc1)c(=O)c23

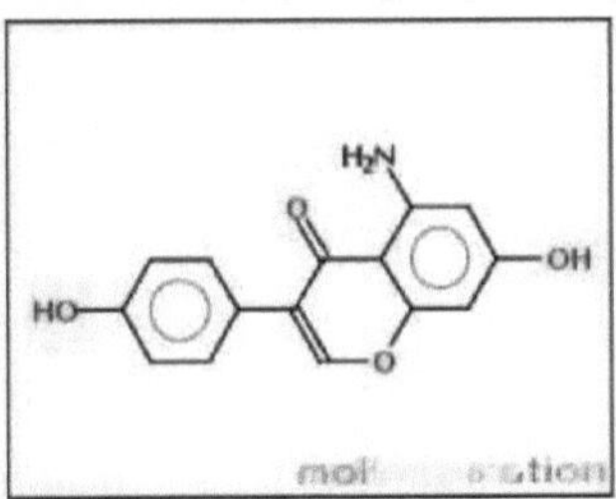

Molinspiration property engine v2014.11

miLogP	1.97
TPSA	96.69
natoms	20
MW	269.26
nON	5
nOHNH	4
nviolations	0
nrotb	1
volume	227.32

Get data as text (for copy / paste).

Get 3D geometry BETA

This was request 69 out of 1000 available this month for your site 14.139.86.34
With technology from Molinspiration you can easily setup similar service also directly on your intranet.
Comments or questions ? See our FAQ and do not hesitate to provide feedback or contact us by email !

New molecule   Predict bioactivity   About properties   Molinspiration RESTful services   Molinspiration home

miSMILES Nc2cc(O)cc3occ(c1ccc(O)cc1)c(=O)c23

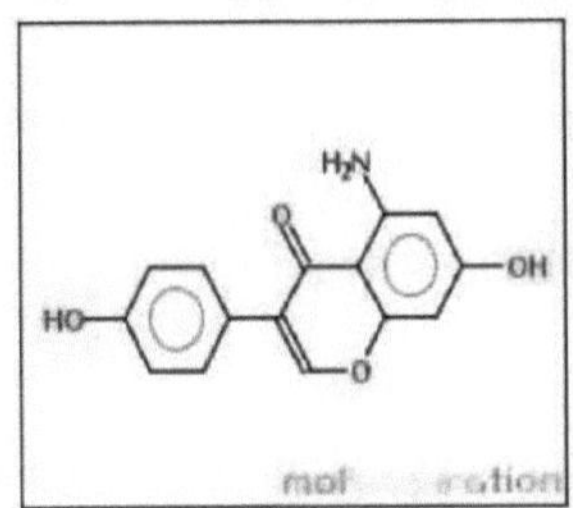

Molinspiration bioactivity score v2014.03

GPCR ligand	-0.16
Ion channel modulator	-0.38
Kinase inhibitor	-0.01
Nuclear receptor ligand	-0.08
Protease inhibitor	-0.73
Enzyme inhibitor	0.21

Get data as text (for copy / paste).

Get 3D geometry BETA

This was request 73 out of 1000 available this month for your site 14.139.86.34
With technology from Molinspiration you can easily setup similar service also directly on your intranet.
Comments or questions ? See our FAQ and do not hesitate to provide feedback or contact us by email !

New molecule   Calculate properties   About bioactivity score   Molinspiration RESTful services   Molinspiration home

10. Chem 3D Ultra 8.0 - Editor de moléculas

O ChemDraw é um editor de moléculas desenvolvido pela primeira vez em 1985 por David A. Evans e Stewart Rubenstein (mais tarde pela empresa de quiminformática CambridgeSoft)

. Características do ChemDraw 12.0.

- Conversão da estrutura química em nome
- Conversão do nome químico em estrutura
- Simulação do espetro de RMN (^{1} H e^{13} C)
- Simulação do espetro de massa
- Limpeza da estrutura
- Uma extensa coleção de modelos, incluindo modelos de estilo para a maioria dos principais produtos químicos.
- Exportar para SVG (apenas na versão Windows)
- Exportar para PDF (apenas na versão Mac)

Formato do ficheiro.

Os formatos de ficheiro nativos do ChemDraw são o CDX binário e os formatos preferidos CDXML baseados em XML. O Chem Draw também pode importar e exportar de e para os formatos de ficheiros químicos MOL, SDF e SKC.

Passos no chemdraw para editar a molécula.

>> Descarregue a versão mais recente do chemdraw ultra para windows.

>> instalar e abrir a página principal do chem draw.

>> desenhe a molécula de interesse e calcule as suas propriedades físicas e químicas abrindo novas janelas.

>> guardar a molécula em smile formate e submetê-la ao molinspiration para avaliação do filtro de Lipinski.

Editar >> copiar como >>smiles (Alt + Ctrl + C) >> ficheiro >> guardar como a estrutura da molécula no formato pretendido (. png).

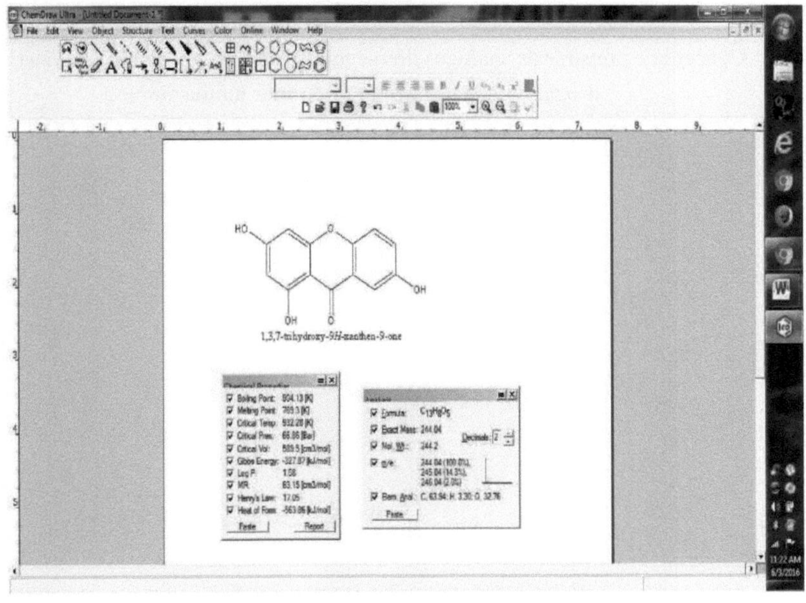

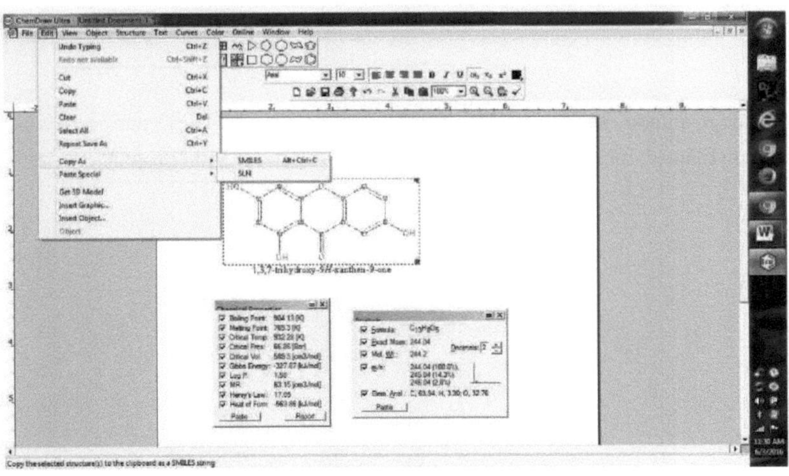

<u>MINI PROJECTO:</u>

1. Conceber e preparar os análogos dos seguintes compostos e analisar a sua drogabilidade utilizando o servidor molinspiration.

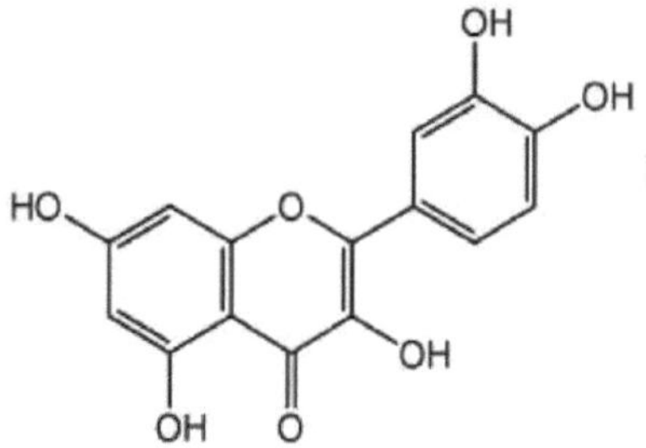

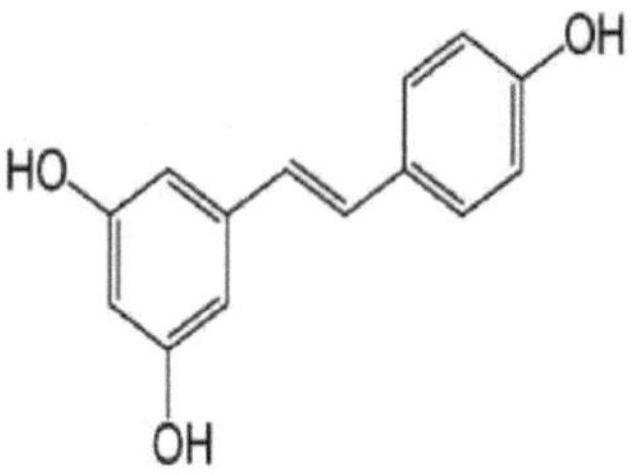

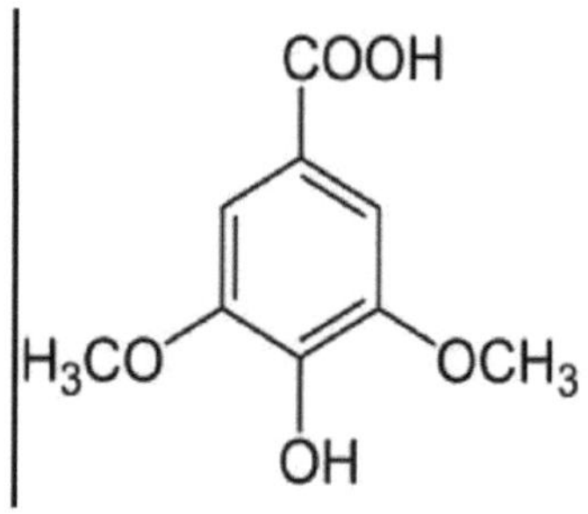

Comente o seu resultado em formato MS Word e envie-o para avaliação por correio eletrónico para o autor, indicando no campo "Assunto" o seu ID Mini projeto.

>> Preparar a biblioteca de moléculas em formato de tabela e filtrar de acordo com a sua
regras de drogabilidade.
Uma biblioteca de análogos concebidos

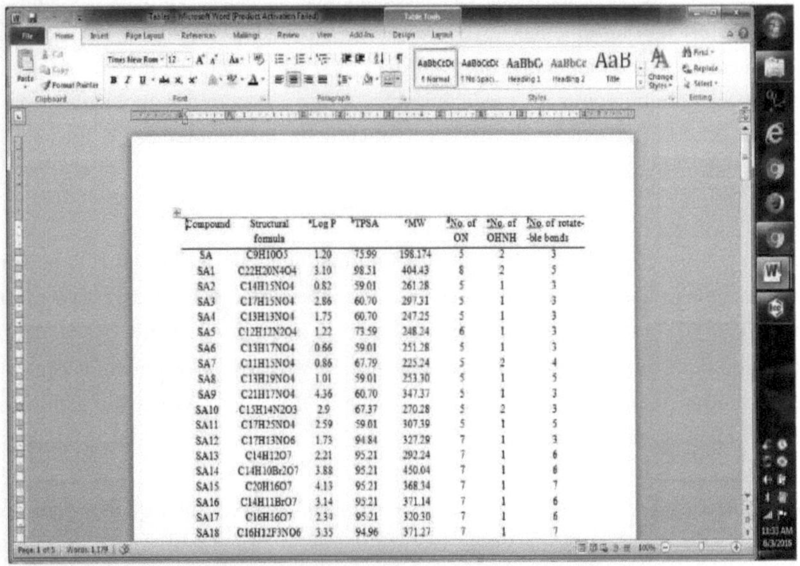

Compound	Structural formula	Log P	TPSA	MW	No. of ON	No. of OHNH	No. of rotate-ble bonds
SA	C9H10O5	1.20	75.99	198.174	5	2	3
SA1	C22H20N4O4	3.10	98.51	404.43	8	2	5
SA2	C14H15NO4	0.82	59.01	261.28	5	1	3
SA3	C17H15NO4	2.86	60.70	297.31	5	1	3
SA4	C13H13NO4	1.75	60.70	247.25	5	1	3
SA5	C12H12N2O4	1.22	73.59	248.24	6	1	3
SA6	C13H17NO4	0.66	59.01	251.28	5	1	3
SA7	C11H15NO4	0.86	67.79	225.24	5	2	4
SA8	C13H19NO4	1.01	59.01	253.30	5	1	5
SA9	C21H17NO4	4.36	60.70	347.37	5	1	3
SA10	C15H14N2O3	2.9	67.37	270.28	5	2	3
SA11	C17H25NO4	2.59	59.01	307.39	5	1	5
SA12	C17H13NO6	1.73	94.84	327.29	7	1	3
SA13	C14H12O7	2.21	95.21	292.24	7	1	6
SA14	C14H10Br2O7	3.88	95.21	450.04	7	1	6
SA15	C20H16O7	4.13	95.21	368.34	7	1	7
SA16	C14H11BrO7	3.14	95.21	371.14	7	1	6
SA17	C16H16O7	2.34	95.21	320.30	7	1	6
SA18	C16H12F3NO6	3.35	94.96	371.27	7	1	7

11. Previsão ADME/tox;

Absorção, Distribuição, Metabolismo, Excreção e toxicidade das moléculas filtradas utilizando o servidor ACD/Ilabsserver ou o servidor pré-ADME/tox.

As moléculas filtradas em regra de cinco são novamente analisadas quanto à sua toxicidade In Silico para uma melhor seleção das moléculas activas.

A previsão das propriedades ADMET desempenha um papel importante no processo de conceção de medicamentos, uma vez que estas propriedades são responsáveis pelo insucesso de cerca de 60% de todos os medicamentos nas fases clínicas. Enquanto que, tradicionalmente, as ferramentas ADME eram aplicadas no final da cadeia de desenvolvimento de medicamentos, hoje em dia a ADME é aplicada numa fase inicial do processo de desenvolvimento de medicamentos, a fim de eliminar moléculas com más propriedades ADME da cadeia de desenvolvimento de medicamentos, o que conduz a poupanças significativas nos custos de investigação e desenvolvimento.

Absorção

Para que um composto chegue a um tecido, tem normalmente de ser introduzido na corrente sanguínea - muitas vezes através de superfícies mucosas como o trato digestivo (absorção intestinal) - antes de ser absorvido pelas células-alvo. A absorção determina de forma crítica a biodisponibilidade do composto. Os fármacos que são mal absorvidos quando tomados por via oral devem ser administrados de uma forma menos desejável. As vias de administração são uma consideração importante.

Distribuição

Após a entrada na circulação sistémica, quer por injeção intravascular quer por absorção a partir de qualquer um dos vários locais extracelulares, o fármaco é sujeito a numerosos processos de distribuição que tendem a diminuir a sua concentração plasmática. Alguns factores que afectam a distribuição do fármaco incluem as taxas de fluxo sanguíneo regional, o tamanho molecular, a polaridade e a ligação às proteínas séricas, formando um complexo. A distribuição pode ser um problema grave nalgumas barreiras naturais, como a barreira hemato-encefálica.

Metabolismo

A maior parte do metabolismo dos medicamentos de pequenas moléculas é efectuada no fígado por enzimas redox, denominadas enzimas do citocromo P450. Quando os metabolitos são farmacologicamente inertes, o metabolismo desactiva a dose administrada do fármaco original, o que normalmente reduz os efeitos no organismo. Os metabolitos podem também ser farmacologicamente activos, por vezes mais do que o fármaco original.

Excreção

Existem três locais principais onde ocorre a excreção de medicamentos. O rim é o local mais importante e é onde os produtos são excretados através da urina. A excreção biliar ou excreção fecal é o processo que se inicia no fígado e passa para o intestino até os produtos serem finalmente excretados juntamente com os resíduos ou fezes. O último método principal de excreção é através dos pulmões (por exemplo, gases anestésicos).

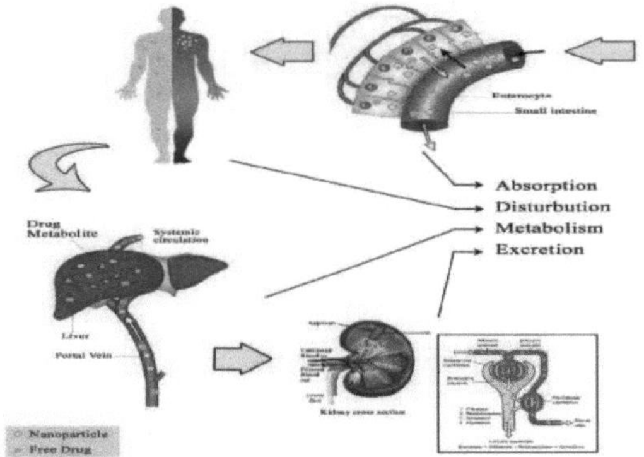

Figure 7. Schematic diagram of ADME of drugs.

Toxicidade:

Os ensaios pré-clínicos de toxicidade em vários sistemas biológicos revelam os efeitos tóxicos específicos da espécie, do órgão e da dose de um produto experimental. A toxicidade das substâncias pode ser observada: a) através do estudo das exposições acidentais a uma substância; b) através de estudos in vitro utilizando células/linhagens celulares; c) através da exposição in vivo em animais experimentais. Os ensaios de toxicidade são principalmente utilizados para examinar acontecimentos adversos específicos ou pontos finais específicos, como o cancro, a cardiotoxicidade e a irritação da pele/olhos. Os ensaios de toxicidade também ajudam a calcular a dose do nível sem efeitos adversos observados (NOAEL) e são úteis para estudos clínicos.

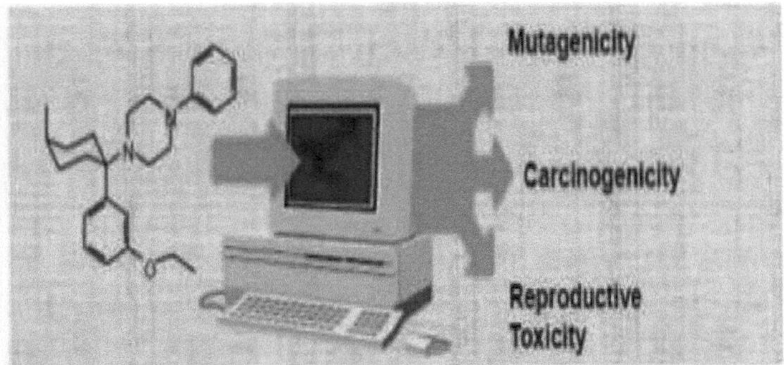

Figure 8. Toxicity screening of drug

Rastreio ADMET in silico - laboratórios ACD/I:

Abrir a página do Google "https://ilab.acdlabs.com/iLab2/index.php"

Registar com o seu ID de e-mail >> obter a palavra-passe e o nome de utilizador >>
Iniciar sessão com o seu PSWD >> iniciar a sessão

Introduza os sorrisos do seu composto >> verifique as propriedades ADMET >> guarde
ficheiros pdf >> avaliação dos seus resultados.

Solubilidade >> Biodisponibilidade >> Absorção >> DBP (ligação plasmática) >>BBB >>
Teste AMES >> LD50.

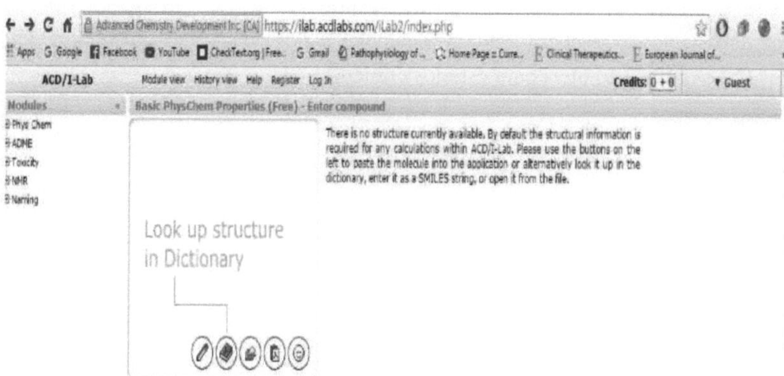

Ex: As previsões ADMET da genisteína são calculadas da seguinte forma...

ABRIR PÁGINA WEB e iniciar sessão com o seu ID e PSWRD.

Solubilidade Absorção

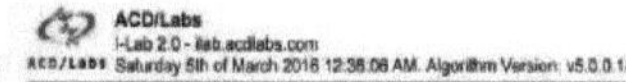

ACD/Labs
I-Lab 2.0 - ilab.acdlabs.com
ACD/Labs Saturday 5th of March 2016 12:35:04 AM. Algorithm Version: v5.0.0.184

ACD/Labs
I-Lab 2.0 - ilab.acdlabs.com
ACD/Labs Saturday 5th of March 2016 12:36:06 AM. Algorithm Version: v5.0.0.184

Compound structure

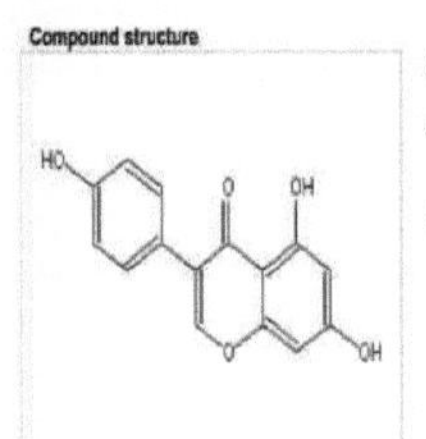

LogSw (AB/LogSw 2.0): -3.55

Reliability: Borderline (RI = 0.49)

Sw: 0.076 mg/ml

Compound structure

Main physico-chemical determinants:

LogP: 2.49
pKa (Acid): 7.80
pKa (Base): 0.00

Maximum passive absorption: 100%
Contribution from:
Trancellular route = 100%
Paracellular route = 0%

Permeability:
Human Jejunum scale (pH=6.5):
P_e, Jejunum = $8x10^{-4}$ cm/s

Absorption rate:
K_a = 0.055 min^{-1}

PBP

ACD/Labs
I-Lab 2.0 - ilab.acdlabs.com
ACD/Labs Saturday 5th of March 2016 12:36:24 AM. Algorithm Version: v5.0.0.184

Compound structure

%PPB: 94.15%

Reliability: Moderate (RI = 0.58)

LogK$_a$^{HSA}: 4.52

Reliability: Borderline (RI = 0.33)

Zwitterionic compound. These drugs are likely to bind t
the majority of plasma proteins.

DL50

 **ACD/Labs**
I-Lab 2.0 - ilab.acdlabs.com
ACD/Labs Saturday 5th of March 2016 12:37:55 AM. Algorithm Version: v5.0.0.184

Compound structure

Species/Administration route	LD50 (mg/kg)	Reliability (RI)
Mouse/Intraperitoneal	320	Moderate(0.65)
Mouse/Oral	960	Not Reliable(0.28)
Mouse/Intravenous	410	Moderate(0.72)
Mouse/Subcutaneous	400	Moderate(0.6)
Rat/Intraperitoneal	1300	Borderline(0.46)
Rat/Oral	680	Borderline(0.46)

MINI PROJECTO:

Até agora, teve uma grande experiência com várias ferramentas de bioinformática para efetuar diferentes tipos de análise. Entusiasmado! Agora chegou a altura de saber até que ponto está familiarizado com os exercícios que fez. Tem de realizar o mini projeto apresentado abaixo e enviar os seus resultados para avaliação. O instrutor do laboratório está muito atento ao seu sucesso. As pistas também são fornecidas algures. Tudo de bom para resolver o mini projeto.

2. Conceber e avaliar a drogabilidade e ADMET dos seguintes compostos.

Comente o seu resultado em formato MS Word e submeta-o para avaliação através de correio eletrónico para o autor, indicando no campo do assunto o seu ID - Mini projeto.

12. Servidor Patchdock e protocolo de acoplamento (Molecular Docking);

A **ligação proteína-ligando** é uma técnica de modelação molecular. O objetivo da **acoplagem proteína-ligando** é prever a posição e a orientação do **ligando** (uma pequena molécula) quando este se liga a um recetor **proteico** ou a uma enzima. Existem muitas ferramentas de acoplamento de versões online e offline disponíveis para estudos de simulação. Apresentamos aqui a ferramenta de acoplamento do servidor patch dock, uma ferramenta online gratuita.

As moléculas analisadas acima (regra dos cinco e toxicidade) são objeto de um estudo de acoplamento adicional com a molécula alvo para prever as interacções do medicamento.

Protocolo para o estudo de acoplamento:

Google >> abrir o servidor de compostos pubchem >> copiar os sorrisos canónicos de genestein >>

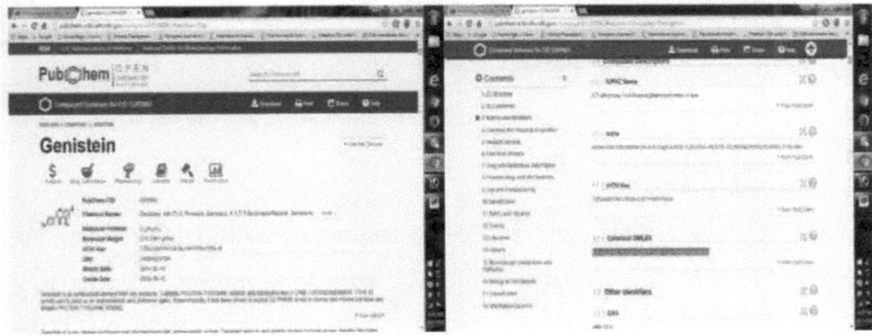

Colar os sorrisos no conversor smile >> descarregar o ficheiro pdb do ligando >> guardar no formato de ficheiro ".pdb" (dot pdb) >>>>

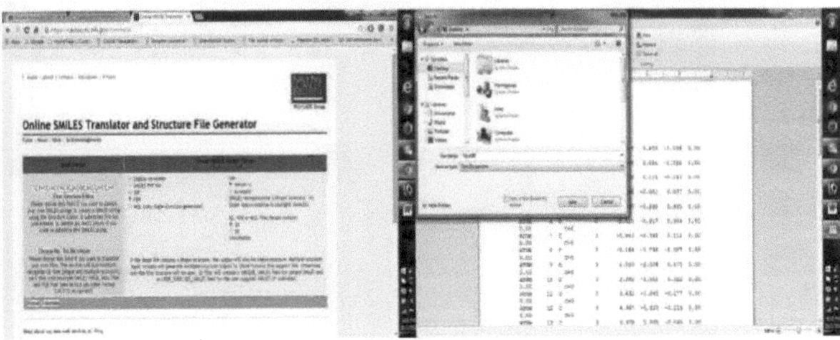

Abrir o servidor pdb >> descarregar o ficheiro BCL-XL da proteína >> preparação do pdb da proteína sob a forma de ficheiro .pdb >>

Abrir o servidor patchdock >> carregar os pdbs da proteína e do ligando >> indicar o seu ID de correio >> submeter >>

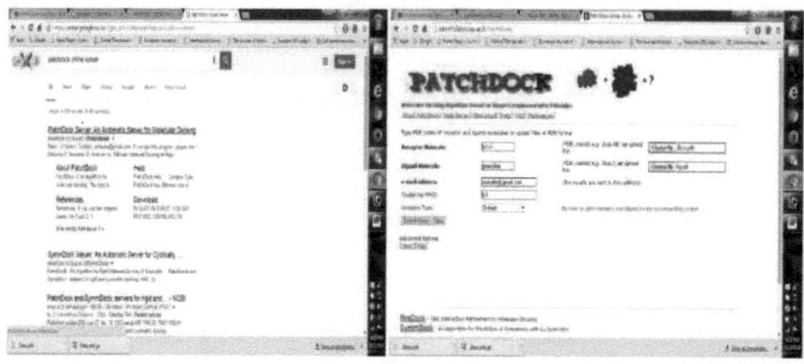

Ir para o correio e abrir a hiperligação para o patchdock >> descarregar o ficheiro pdb de melhor acoplamento >>

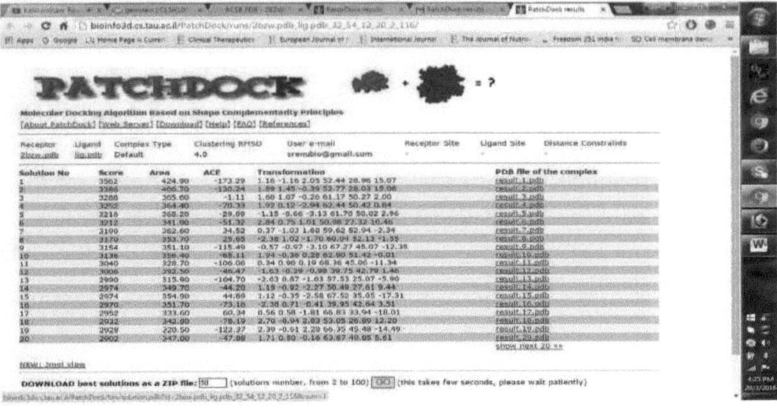

Abrir o ficheiro proteína-ligante no pyMOL >> análise das interacções de acoplamento >>

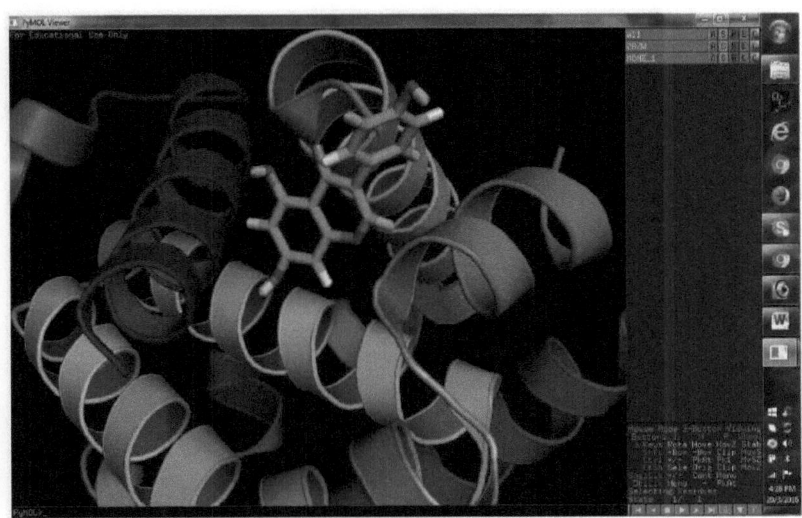

Softwares

- **<u>Autodock</u>.** Software de acoplamento gratuito de código aberto baseado em EA. Ligante flexível. Cadeias laterais de proteínas flexíveis. Mantido pelo Molecular Graphics Laboratory, The Scripps Research Institute, la Jolla.
- **<u>DOCK</u>.** Programa de ancoragem baseado em Anchor-and-Grow. Gratuito para utilização académica. Ligante flexível. Proteína flexível. Mantido pelo grupo Soichet na UCSF.
- **<u>GOLD</u>.** Programa de docagem baseado em GA. Ligante flexível. Flexibilidade parcial para a proteína. Produto de uma colaboração entre a Universidade de Sheffield, GlaxoSmithKline pic e CCDC.
- **<u>Glide</u>.** Programa de acoplamento baseado em pesquisa exaustiva. Existe nos modos de precisão extra (XP), precisão padrão (SP) e triagem virtual de alto rendimento. Ligante e proteína flexíveis. Fornecido pela Schrodinger.

13. Ligações úteis em bioinformática

Esta é a lista completa de ligações. Esta página lista ligações úteis para bases de dados e utilitários de sequências de biologia molecular humana (e algumas não humanas). Os sítios Web foram escolhidos pela sua facilidade de utilização, conceção, funcionalidade e localização do servidor (foram privilegiados os servidores europeus). Se conhecer um sítio que considere que deva ser incluído na lista, ou se verificar que uma ligação desta lista não funciona, envie um e-mail ao Diretor do workshop (chitta34@nettlinx.com)

Esta página destina-se a pessoas que sabem o que estão à procura e como o utilizar! Um glossário de termos e abreviaturas está disponível no final

Páginas iniciais importantes:

Laboratório Europeu de Biologia Molecular (EMBL)
http://www2.ebi.ac.uk/Help/General/general.html Cambridge, Reino Unido.

UK Human Genome Mapping Project - ResourceCenter (HGMP-RC) http ://www.hgmp.mrc .ac.uk/

SeqNet: Nó britânico da Rede Europeia de Biologia Molecular (EMBNet) http://www.seqnet. dl.ac.uk/About/ SEQNET/

GenBankhttp://www.ncbi.nlm.nih.gov/Genbank/ GenBank no Centro Nacional de Biotecnologia (NCBI) da Biblioteca Nacional de Medicina (NLM) no campus dos Institutos Nacionais de Saúde (NIH), EUA.

Banco de dados de ADN do Japão (DDBJ) http://www.ddbj.nig.ac.jp

Base de **dados de sequências genómicas (GSDB)** http://seqsim.ncgr.org/ O Centro Nacional de Recursos Genómicos, Base de dados de sequências genómicas. O servidor é um supercomputador com aceleração de algoritmos genómicos.

Online Mendelian Inheritance in Man (OMIM) http://www3.ncbi.nlm.nih.gov/0mim/ Base de dados de genes humanos e respectivas doenças, com informação textual, imagens e referências. Ligações para Entrez e MedLine.

Projeto Europeu do Genoma da Drosophila http://edgp.ebi.ac.uk/

Instituto de Investigação Genómica (TIGR) http://www.tigr.org/

Centro Sanger http://www.sanger.ac.uk/

ExPASY (Instituto Suíço de Bioinformática) http://www.expasy.ch/ ExPASY não é o nó suíço da EMBnet!

GenomeNet (Japão) http://www.genome.ad.jp/

Serviço Nacional Australiano de Informação Genómica (ANGIS)
http://morgan.angis.su.oz.au

Recursos de bioinformática e biologia na Internet
http://aeiveos.wa.com/biology/index.html Um excelente sítio, que vale bem a pena

visitar!

Lista de outros sítios Web sobre o **genoma** http://www.hgmp.mrc.ac.uk/GenomeWeb/
Lista de outros sítios Web sobre o genoma, concisa e claramente apresentada.

Programa de ensino em linha da Universidade de Brunel
http://www.brunel.ac.uk/depts/bl/project/ffont.htm

Manuais

EMBL http://www.ebi.ac.uk/ebi_docs/embl_db/usrman/usrman.html

GenBankftp://ncbi.nlm.nih.gov/genbank/gbrel.txt

SRS http://www.sanger.ac.uk/srs51/man/srsman.html

Outros guias e tutoriais

BioComputing Hypertext Coursebookhttp://www.techfak.uni- bielefeld.de/bcd/Curric/
Uma fonte de aprendizagem muito completa. Especialmente indicado para os leitores
que pretendem familiarizar-se com os "pormenores" da bioinformática.

Informação genética molecular

Gene Cards (*) http://bioinfo.weizmann.ac.il/cards/ Um site muito útil que fornece
informações e links abrangentes. Links directos para o GenBank, SWISS-PROT e
MedLine. Inclui sinónimos, genes semelhantes noutros organismos, produtos de
genes e detalhes sobre doenças.

Cartões de genes: Doenças com uma associação genética (*) http ://bioinfo.weizmann.ac.
il/cards-bin/listdiseasecards   http://bioinfo.weizmann.ac.il/cards/cards-
bin/listdiseasecards Ver a lista completa (exaustiva!) ou procurar genes relacionados
com doenças por cromossoma.

Academic Press Dictionary of Science and Technology http://www.harcourt.
com/dictionary/ Um bom dicionário em linha. Fácil de utilizar e completo.

The Bio-Web (**) http://www.cellbiol.com/ Recursos para biólogos moleculares e
celulares. Um sítio excelente; bem mantido. Ligações, notícias, etc. etc. Muito
completo.

Bases de dados de sequências genómicas

Estas são as quatro principais bases de dados de sequências. Trocam diariamente
informações sobre as sequências.

Laboratório Europeu de Biologia Molecular (EMBL) http://www.ebi.ac.uk/ebi_
docs/embl_ db/ebi/topembl.html Cambridge, Reino Unido.

GenBankhttp://www.ncbi.nlm.nih.gov/Web/Search/index.html GenBank no Centro
Nacional de Biotecnologia (NCBI) da Biblioteca Nacional de Medicina (NLM) no

campus dos Institutos Nacionais de Saúde (NIH), EUA.

Banco de dados de ADN do Japão (DDBJ) http://www.ddbj.nig.ac.jp

Base de dados de sequências genómicas (GSDB) http://seqsim.ncgr.org/ O Centro Nacional de Recursos Genómicos, Base de dados de sequências genómicas. O servidor é um supercomputador com aceleração de algoritmos genómicos.

Outras bases de dados e utilitários genómicos

Trata-se frequentemente de bases de dados especializadas.

A Base de Dados Internacional de Imunogenética (IMGT) http://imgt.cnusc.fr:8104 Contém sequências anotadas por especialistas e tabelas de alinhamento para sequências de Ig, TCR e MHC.

Base de dados de mapas do genoma humano (HuGeMap) http://www.infobiogen.fr/services/ Hugemap Mapas genéticos e físicos do genoma humano, ligados à base de dados de mapeamento híbrido de radiação genética RHdb.

UTR Home Page http://bigarea.area.ba.cnr.it:8000/EmbIT/UTRHome/ Recursos da Internet para análise de sequências das regiões 5' e 3' não traduzidas de mRNAs eucarióticos. Inclui bases de dados especializadas em UTR e ferramentas para análise de regiões UTR.

Pesquisa e recuperação de sequências

Sistemas integrados de recuperação de bases de dados

Entrezhttp://www.ncbi.nlm.nih.gov/Entrez/ Comece aqui para praticamente tudo!

Sistema de Recuperação de Sequências (SRS) http://srs.hgmp.mrc.ac.uk/

TIGR HGI Gene Expression Data 4-2-1-DDcW/USA http://www.tigr.org/tdb/hgi/searching/hgi_xpress_search.html Pesquise transcrições específicas de um tecido, por exemplo, "lung". As bibliotecas de cDNA também podem ser pesquisadas.

Base de dados do genoma (GDB)http://www.hgmp.mrc.ac.uk/gdb ou http://gdbwww.gdb.org/ *O financiamento deste projeto foi retirado. Esta valiosa base de dados permanecerá em linha, mas é de notar que não serão registadas novas entradas após 31 de julho de 1998.*

GENATLAS (*) 5-5-2-DUWI/France http://bisance.citi2.fr/GENATLAS/ Um sítio abrangente e fácil de utilizar. Pesquisa em bases de dados de genes, marcadores, fenótipos ou ligações. Nos resultados, são fornecidas ligações úteis e pertinentes. O utilizador pode também localizar o gene pretendido a partir de um mapa gráfico clicável de genes relacionados com doenças ou outros genes mapeados num cromossoma.

Gene Cards (*) http://bioinfo.weizmann.ac.il/cards/ Um site muito útil que fornece informações e links abrangentes. Links directos para o GenBank, SWISS-PROT e

MedLine. Inclui sinónimos, genes semelhantes noutros organismos, produtos de genes e detalhes sobre doenças.

Identificação de sequências (BLAST, FASTA, etc.)

The Sanger Centre Database Search Services 5-2-5-DDPDFWE/UK - Design limpo e simples.http://www.sanger.ac.uk/DataSearch/ Pesquisas BLAST e WU-BLAST 2.0 que podem ser refinadas para sequências genómicas acabadas e/ou inacabadas.

Pesquisa de semelhanças BLAST 2 (EMBNet) 5-3-2-PUWE/Suíça http://www.ch.embnet.org/software/frameBLAST.html Pesquisas de semelhanças WU-BLAST 2.0.

Pesquisa BLAST2 com pós-processamento (EMBL) 4-3-2-PUW/Alemanha http://dove.embl-heidelberg.de/Blast2/ Pesquisa WU-BLAST 2.0 com pós-processamento.

FASTA 3 (EMBL) http://www2.ebi.ac.uk/fasta3/ Pesquisa de semelhanças FASTA 3.

FASTA http://www2.igh.cnrs.fr/bin/fasta-guess.cgi Pesquisa de semelhanças FASTA e uma interface limpa, básica e simples.

Blitz http://www.ebi.ac.uk/searches/blitz.html

Beauty http://dot.imgen.bcm.tmc.edu:9331/seq-search/protein-search.html Beauty é uma pesquisa BLAST melhorada, que produz resultados que prevêem a função da proteína que está a ser testada.

Alinhamento de sequências

Ferramenta de análise e anotação para encontrar genes em sequências genómicas 5-3-2-DcDPDFWE/USA

http://genome.cs.mtu.edu/aat.html Identifica genes numa sequência de ADN, comparando-a com bases de dados de cDNA e de sequências de proteínas (incluindo as do HGI, TIGR, dbEST, Swiss-Prot e nr).

Pairwise Sequence Alignment 3-4-2-DcUPUFWE/USA http://genome.cs.mtu.edu/ align/align.html Calcula o alinhamento global entre duas sequências. Compara DNA com DNA, cDNA ou proteína. Para DNA e cDNA, as configurações (penalidade de abertura de lacunas, extensão de lacunas etc.) podem ser definidas.

Multiple Sequence Alignemnt with MAP 4-3-2-DcUPUFWE/USA http://genome.cs.mtu.edu/map/map.html Calcula o alinhamento global de sequências de ADN ou de proteínas utilizando um algoritmo que calcula o melhor alinhamento sobreposto sem penalizar as lacunas terminais. As lacunas internas longas em sequências curtas não são penalizadas.

Network Protein Sequence Analysis 5-4-1-PUW/France

http://pbil.ibcp.ff/NPSA/npsa_clustalw.html Alinhamento de sequências múltiplas ClustalW.

ALIGN 5-1-1-DUPUWE/France http://www2.igh.cnrs.ff/bin/align- guess.cgi ou http://genome.eerie.ff/fasta/align-query.html Aplica a matriz BLOSUM50 para deduzir o alinhamento ótimo entre duas sequências.

Alinhamento de sequências múltiplas com agrupamento hierárquico 5-5-3-PUW/France http://www.toulouse.inra.fr/multalin.html Alinhamento de sequências com uma saída a cores em que podem ser realçados aminoácidos diferentes ou semelhantes no alinhamento.

Colour INteractive Editor for Multiple Alignments (CINEMA) http ://www.biochem.ucl.ac.uk/bsm/ dbbrowser/CINEMA2.   1/A

site abrangente e popular. Permite ao utilizador visualizar e manipular sequências de proteínas alinhadas. *Faz uso de Java. Recomendo que aceda a este site a partir de uma estação de trabalho rápida!*

VSNS BioComputing Division Multiple Alignment Resource Page http://www. techfak. uni-bielefeld.de/bcd/Curric/MulAli/ Um recurso excelente e abrangente para alinhamento de sequências múltiplas, software e tutoriais.

Bases de dados de cDNA

Via OMIM Pode procurar um "gene de doença" no OMIM. Clique no botão "DNA" no ecrã de resultados e siga a ligação para a sequência de mRNA. Note a ausência de U (uracil): esta sequência é referida nos relatórios do GenBank como mRNA, mas a sequência é uma sequência de cDNA. http://www.nih.gov

Bases de dados de mutações

Base de dados de mutações genéticas humanas 4-2-2-DUW/UK http://www.uwcm. ac.uk/ search/mg/allgenes?Introduza um número de acesso GDB, nome de doença, nome de gene ou símbolo para obter informações bem apresentadas sobre os diferentes tipos de mutações, informações e ligações.

Base de dados de mutações de proteínas *Consulte este sítio!*

http://www.genome.ad.jp/dbget-bin/www_bfind?pmd COMENTÁRIOS

MITOMAP *Consulte este sítio!* http://infinity.gen.emory.edu/mitomap.html Base de dados de ADN mitocondrial.

Apresentação de uma nova sequência

EMBL http://www.ebi.ac.uk/Submissions/index.html

Bankit (GenBank) http://www.ncbi.nlm.nih.gov/BankIt/

Localizador de quadros de leitura aberta (ORF)

ORF Finder http://www.ncbi.nlm.nih.gov/gorf/gorf.html Encontra prováveis quadros de leitura aberta numa sequência.

Tradução de sequências

Nucleótido para proteína (ExPASY) 5-2-1-DUW/Suíça

http://www.expasy.ch/tools/dna.html Traduz uma sequência de nucleótidos (ADN/ARN) numa sequência de proteínas (aminoácidos).

Nucleotide to Protein (EMBL) 5-4-1-DUW/UK

http://www.ebi.ac.uk/contrib/tommaso/translate.html Traduz uma sequência de nucleótidos numa sequência de proteínas.

Tradução direta e inversa 5-5-2-DUPUFWE/UK

http://www.sanger.ac.uk/Software/Wise2/genewiseform.shtml

Traduzir uma sequência de proteínas para uma sequência de ADN genómico e vice-versa. *Esta é uma interface WWW para a aplicação de software pgwise. Aqueles que são proficientes com este pacote podem gostar de tirar proveito de suas capacidades extras, adicionando critérios de execução.*

Tradução da proteína e do cDNA 5-4-2-DcUPU/UK http://www.sanger.ac. uk/Software/Wise2/protein2cdna.shtml

Traduzir uma sequência de proteínas numa sequência de cDNA e vice-versa.

Bases de dados de sequências de proteínas

EMBL traduzido (TrEMBL) http://www.expasy.ch/sprot/sprot-top.html Base de dados de todas as regiões codificadoras de proteínas armazenadas na base de dados EMBL. Abrangente, mas (geralmente) à custa de uma anotação deficiente.

SWISS-PROT http://expasy.hcuge.ch/sprot/sprot-top.html Uma base de dados de sequências de proteínas, traduzidas da base de dados genómica EMBL. As sequências de proteínas foram verificadas e anotadas.

PIR http://www_nbrf.georgetown.edu/pir/ Quatro bases de dados: A PIR1 é a mais completa, com entradas classificadas e anotadas. A PIR4 é a menos completa, com entradas não codificadas ou não traduzidas.

Bases de dados Motif

Pratt Search (EMBL) 4-4-2-PU http://www2.ebi.ac.uk/pratt/ Identifica interactivamente padrões conservados a partir de uma série de sequências de proteínas não alinhadas introduzidas pelo utilizador.

PROSITE (via EBI) http://www2.ebi.ac.uk/ppsearch/ Pesquisa de padrões para identificar motivos de aminoácidos funcionais conservados. Analisa uma sequência em

PROSITE (a base de dados de motivos primários) com um resultado gráfico.

PROSITE http://expasy.hcuge.ch/sprot/prosite.html A base de dados primária de motivos. Atenção! Os motivos são frequentemente curtos e é de esperar um grande número de falsos positivos! Estão disponíveis opções para excluir os motivos que mais frequentemente conduzem a resultados falsos.

ProteínaMotivo

Impressões digitaishttp://www.biochem.ucl.ac.uk/bsm/dbbrowser/PRINTS. html

Base de dados de estruturas 3D de proteínas

Protein Databank http://www2.ebi.ac.uk/pdb/index.shtml Estruturas tridimensionais de proteínas que podem ser descarregadas e visualizadas localmente (é necessário um visualizador) ou visualizadas numa janela de um navegador de hipertexto (por exemplo, Netscape). As estruturas são determinadas experimentalmente por cristalografia de raios X e imagens de ressonância magnética nuclear (NMR).

Utilitários de análise de proteínas

Web Cutter - Utilitário de mapeamento de enzimas de restrição http://ma.lundberg.gu.se/cutter2/ Mapeie locais de enzimas de restrição na sua sequência. Fácil de usar e com opções abrangentes.

Protein Colourer 5-2-1-PUW/UK http://www.ebi.ac.uk/htbin/visprot.pl Colora uma sequência de proteínas (texto em bruto ou SWISS-PROT Acc. No.) por propriedades como, por exemplo, a hidrofobicidade.

Periodicidade dos resíduos Reveja este site http://o2.dbuoa.gr/FT/ Estudar a periodicidade dos resíduos numa sequência de proteínas.

Calcular o pl teórico e o Mr

5-1-2-PUW/Suíça http://www.expasy.ch/ch2d/pi_tool.html

Calcula a massa pl ou molecular teórica de uma proteína, cuja sequência é introduzida pelo utilizador, ou referida como uma entrada SWISS-PROT ou TrEMBL.

Gerador de sequências aleatórias de proteínas 5-5-2-PUW/Suíça http://www.expasy.ch/sprot/randseq.html Gerador de sequências aleatórias de proteínas! Saída em formato FASTA (o formato mais comummente exigido pelos sítios de pesquisa de bioinformática).

Primers e sondas PCR

Primer35-5-2- DUW/Norwayhttp://www2.no.embnet.uio.org/primer/primer3.cgi? Selecionar primers PCR para a sua sequência de nucleótidos.

Base de dados de primers HGMP-RC http://www.hgmp.mrc.ac.uk/local-data/Primers.html

Base de dados de primers EBI http://www.ebi.ac.uk/primers_home.html

Base de dados de sondas moleculares (MPDB ou MOLPROBE) http://www.biotech.ist. unige.it/interlab/mpdb.html

Bases de dados de sequências não humanas

Base de dados de moscas de Berkeley 5-5-2-DDW (UI)/USAhttp://www.fruitfly.org/bfd/ Pesquise sequências por nome ou localização no mapa e, opcionalmente, veja uma imagem clicável de contigs sequenciados alinhados com os cromossomas das moscas. As pesquisas podem ser limitadas apenas às sequências disponíveis. Recupere clones genómicos Pl, BAC ou cosmídeos, linhas de inserção de elementos P, YAC, STS e muito mais.

Bases de dados do Instituto de Investigação Genómica http://www.tigr.org/tdb/tdb.html Muitas bases de dados, incluindo microbianas, parasitas, humanas, cDNA humano, ratinho, rato, *Arabidopsis,* peixe-zebra e outras.

Utilitários para sequências não humanas

Servidor BLAST do Projeto Europeu do Genoma de *Drosophila* **5-4-3-DDPDFWE/UK** http://edgp.ebi.ac.uk/www-blast.html Pesquisa utilizando o WU-BLAST 2.0 (alinhamento com lacunas) ou o BLAST original (que não permite lacunas). A base de dados inclui dados genómicos *de Drosophila*, EST's, STS's, sítios de elementos P, transposões, repetições e proteínas.

Pesquisas BLAST do Projeto Genoma de *Drosophila* **de Berkeley 5-4-3-DDFWE/USA** http://www.fruitfly.org/blast/ Pesquise a sua sequência utilizando o algoritmo WU-BLAST 2.0 para dados de sequências de *D. melanogaster*, incluindo EST's, sequências genómicas, STS's ou sequências derivadas das mesmas, locais de inserção de elementos P e transposões.

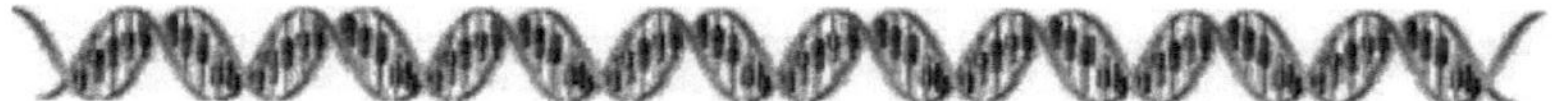

14. Glossário

Esta página fornece um breve glossário de termos e abreviaturas que se encontram habitualmente na bioinformática. Algumas destas explicações são bastante simplistas, por uma questão de brevidade. Para mais pormenores, consulte os livros de texto de biologia molecular.

Alu Uma família de sequências repetitivas com cerca de 300 pb, que se encontram dispersas pelo genoma *humano*. Quase qualquer sequência de nucleótidos humanos de 100 kb terá sequências Alu.

Análogo de base Um composto químico que é suficientemente semelhante a uma das bases azotadas normalmente presentes no ADN para a poder substituir. Os análogos de bases podem causar mutações ou ser utilizados numa reação de PCR modificada (por exemplo, na sequenciação)

Bioinformática A disciplina que consiste em obter informações sobre dados de sequências genómicas ou proteicas. Isto pode envolver pesquisas de semelhança em bases de dados, comparando a sua sequência não identificada com as sequências de uma base de dados, ou fazendo previsões sobre a sequência com base no conhecimento atual de sequências semelhantes. As bases de dados são frequentemente disponibilizadas ao público através da Internet ou localmente na sua instituição.

BLAST Um conjunto de programas utilizados para efetuar pesquisas rápidas de semelhanças. As sequências de nucleótidos podem ser comparadas com sequências de nucleótidos numa base de dados utilizando o BLASTN, por exemplo. São aplicadas estatísticas complexas para avaliar o significado de cada correspondência. As sequências reportadas podem ser homólogas ou relacionadas com a sequência de pesquisa. O programa BLASTP é utilizado para procurar numa base de dados de proteínas uma correspondência com uma sequência de proteínas de consulta. Existem vários outros tipos de BLAST.

BLAST2 Uma versão mais recente do BLAST. Permite inserções ou supressões nas sequências que estão a ser alinhadas. Os alinhamentos com lacunas podem ser mais significativos do ponto de vista biológico.

cDNA ADN complementar. Cópias de ADN do ARNm expresso num tecido específico. A sequenciação de ADNc tem a vantagem de representar apenas genes expressos. Uma vez que apenas ~3% da vasta quantidade de ADN no genoma humano são sequências codificantes, a sequenciação de cADN é particularmente útil em determinadas situações. Ver EST.

CDS ou cdsSequência codificadora.

Clone População de células ou moléculas idênticas (por exemplo, ADN), derivadas de um único antepassado.

Vetor de clonagem Uma molécula que transporta um gene estranho para um hospedeiro e permite/facilita a multiplicação desse gene num hospedeiro. Ao sequenciar um gene que tenha sido clonado utilizando um vetor de clonagem (e não por PCR), deve ter-se o cuidado de não incluir a sequência do vetor de clonagem ao efetuar pesquisas de similaridade. Os plasmídeos, cosmídeos, fagóides, YACs e PACs são exemplos de tipos de vectores de clonagem.

Sequência de consenso Uma sequência de nucleótidos derivada que representa uma família de sequências semelhantes. Cada base na sequência de consenso corresponde à base que ocorre mais frequentemente nessa posição, nas sequências reais.

Contig Uma sequência de ADN que se sobrepõe a outro contig. O conjunto completo de sequências sobrepostas (contigs) pode ser reunido para obter a sequência de uma longa região de ADN que não pode ser sequenciada numa única execução de um ensaio de sequenciação. Importante no mapeamento genético a nível molecular.

Sequenciação de **ADN** O processo experimental de determinação da sequência de nucleótidos de uma região de ADN. Isto é feito marcando cada nucleótido (A, C, G ou T) com um marcador radioativo ou fluorescente que o identifica. Existem vários métodos de aplicação desta tecnologia, cada um com as suas vantagens e desvantagens. Para mais informações, consultar um livro de texto atual. Os laboratórios de alto rendimento utilizam frequentemente sequenciadores automáticos, que são capazes de ler rapidamente um grande número de modelos. Por vezes, as sequências podem ser geradas mais rapidamente do que podem ser caracterizadas.

A **jusante** Em direção à extremidade 3' de uma sequência de nucleótidos.

EMBLE - Laboratórios Europeus de Biologia Molecular. Mantêm a base de dados EMBL, uma das principais bases de dados públicas de sequências.

EMBnet European Molecular Biology Network: http://www.embnet.org foi criada em 1988 e fornece serviços que incluem bases de dados moleculares locais e software para biólogos moleculares na Europa. Existem vários grandes postos avançados da EMBnet, incluindo o EXPASY.

EST Ver Expressed Sequence Tag (etiqueta de sequência expressa)

Exão Região codificadora do ADN. Ver CDS.

Expressed Sequence Tag (EST) Sequência parcial de cDNA selecionada aleatoriamente; representa o mRNA correspondente. dbEST é uma grande base de dados de ESTs no GenBank, NCBI.

Projeto de Mapeamento do Genoma Humano **HGMP**. O Centro de Recursos HGMP do Reino Unido é uma instituição académica no Reino Unido que fornece uma série de serviços, incluindo o acesso a bases de dados, espelhos de bases de dados e acesso a serviços/software extensivos para utilizadores académicos registados.

Intrão Região não-codificante do ADN.

MMDB Base de dados de modelação molecular. Uma base de dados taxonómica de ficheiros PDB (ver PDB) e informação relacionada.

NCBI National Center for Biotechnology Information (EUA), criado pelo Congresso dos Estados Unidos em 1988, com o objetivo de desenvolver sistemas de informação para apoiar a comunidade de investigação biológica.

NIH National Institutes ofHealth (EUA).

OMIM Online Mendelian Inheritance in Man (Herança Mendeliana no Homem). Base de dados de doenças genéticas com referências à medicina molecular, biologia celular, bioquímica e pormenores clínicos das doenças.

Uma série de códons (tripletos de bases) que podem ser traduzidos numa proteína. Existem seis potenciais quadros de leitura de uma sequência não identificada; TBLASTN (ver BLAST) traduz uma sequência de nucleótidos em todos os seis quadros de leitura, numa proteína, e depois tenta alinhar os resultados com sequências numa base de dados de proteínas, devolvendo os resultados como uma sequência de nucleótidos. A estrutura de leitura mais provável pode ser identificada utilizando software em linha (por exemplo, ORF Finder).

Ortólogo Grupos de genes ou proteínas de organismos diferentes que têm a mesma função são ditos ortólogos. Existem numerosos genes que foram conservados ao longo da história evolutiva. Os produtos proteicos podem ser identificados em leveduras, num verme nemátodo e em células humanas, por exemplo. Pode ser interessante estudar a função de um gene num verme, se soubermos que tem a mesma função em humanos.

PDB Banco de dados de proteínas de Brookhaven. Uma base de dados e um formato de ficheiros que descrevem a estrutura 3D de uma proteína ou ácido nucleico, determinada por cristalografia de raios X ou imagens de ressonância magnética nuclear (RMN). As moléculas descritas pelos ficheiros são normalmente visualizadas localmente por software dedicado, mas podem por vezes ser visualizadas na Internet.

PIR Uma base de dados de sequências de nucleótidos traduzidas do GenBank. A PIR é uma base de dados de sequências de proteínas redundantes (ver Redundância). A base de dados está dividida em quatro categorias:
1. PIR1 - Classificado e anotado.
2. PIR2 - Anotado.
3. PIR3 - Não verificado.
4. PIR4 - Não codificado ou não traduzido.

Redundância A presença de mais do que um item idêntico representa redundância. Em bioinformática, o termo é utilizado com referência às sequências de uma base de dados de sequências. Se uma base de dados for descrita como *redundante,* pode ser encontrada mais do que uma sequência idêntica (redundante). Se a base de dados for

considerada *não-redundante* (nr), os gestores da base de dados tentaram reduzir a redundância. O termo é ambíguo no que respeita à genética e, como tal, o grau de não redundância varia consoante a interpretação do gestor da base de dados
do termo. Pode discutir-se se dois alelos de um locus definem ou não o limite da redundância, ou se o mesmo locus em organismos diferentes e estreitamente relacionados constitui redundância. As bases de dados não redundantes são, em certos aspectos, superiores, mas são menos completas. Estes factores devem ser tomados em consideração ao selecionar uma base de dados para pesquisa.

Sequence Tagged Site Sequências curtas de cDNA de regiões que foram fisicamente mapeadas. Os STSs fornecem pontos de referência únicos, ou identificadores, em todo o genoma. Útil como estrutura para sequenciação posterior.

STS Ver Sequence Tagged Site

SWISS-PROT Uma base de dados de sequências de proteínas não redundante (ver redundância). Completamente anotada e com referências cruzadas. Uma subdivisão da TrEMBL.

TrEMBL Uma base de dados de sequências de proteínas de sequências de nucleótidos EMBL traduzidas.

UniGene Base de dados de genes humanos únicos, no NCBI. As entradas são seleccionadas pela presença quase idêntica nas bases de dados GenBank e dbEST. Os grupos de sequências produzidos são considerados como representando um único gene.

Endereços WWW das bases de dados e ferramentas utilizadas no curso:

o Scop - classificação estrutural e base de dados de domínios, contém muitas ferramentas úteis: por exemplo, comparação de estruturas, pesquisa de semelhanças de sequências com HMM (Superfamília), ferramenta de agrupamento de sequências Astral e muitas outras: http://scop.mrc-lmb.cam.ac.uk/scop/

o Pfam - base de dados de domínios de sequência e ferramenta de pesquisa de semelhanças de sequências baseada em modelos ocultos de Markov: http://pfam.wustl.edu/

o PDB - repositório central de estruturas de proteínas determinadas experimentalmente: http://www.rcsb.org/pdb/

o CE - pesquisa de similaridade de estruturas disponível no PDB: http://cl.sdsc.edu/

o Dali - classificação de estruturas e base de dados, contém uma ferramenta de pesquisa de semelhanças de estruturas: http://www.ebi.ac.uk/dali/

o Blast e Psi-Blast - As ferramentas de semelhança de sequências mais populares disponíveis no NCBI: http://www.ncbi.nlm.nih.gov/BLAST/

o Superfamília - ferramenta de semelhança de sequências disponível na base de dados SCOP: http://supfam.mrc-lmb.cam.ac.uk/SUPERFAMILY/

o Chime - Visualizador de estruturas de proteínas e plug-in para Windows:

http://www.mdlchime.com/chime/

o SwissPdbViewer - Software de análise de estruturas e modelação de proteínas: http://us.expasy.org/spdbv/

o Cn3D - visualizador avançado de estruturas proteicas do NCBI: http ://www.ncbi.nlm.nih.gov/ Structure/CN3D/cn3dwin.shtml

o Jpred - Meta-servidor de previsão de estruturas secundárias baseado no consenso de diferentes algoritmos disponíveis na Web: http://jura.ebi.ac.uk:8888/

o FFAS - Servidor de reconhecimento de dobras: http://ffas.ljcrf.edu/ffas- cgi/cgi/ffas.pl

o Metaserver - executa várias ferramentas avançadas de reconhecimento de dobras e armazena os resultados na base de dados: http://bioinfo.pl/Meta/

o Swiss-model - Servidor de modelação de homologia ligado ao SwissPdbViewer: http://www.expasy.ch/swissmod/

o Verify3D - servidor, avaliação de modelos de proteínas com base na energia empírica: http://www.doe-mbi.ucla.edu/Services/Verify_3D/

o GRAMM - Software de acoplamento proteína-proteína: http://reco3.ams.sunysb.edu/gramm/

Software, que pode ser descarregado e instalado antes do curso:

o Chime: http://www.mdlchime.com/chime/ (Windows)

o Cn3D - visualizador avançado de estruturas de proteínas do NCBI http://www.ncbi.nlm.nih.gov/Structure/CN3D/cn3dwin.shtml (Windows)

o SwissPdbViewer: http://us.expasy.org/spdbv/ (Windows)

o GRAMM: http://reco3.ams.sunysb.edu/gramm/ (Windows)

Chitta Suresh Kumar, Professor e Coordenador do Centro de Bioinformática, Departamento de Bioquímica, na Universidade Sri Krishnadevaraya, Anantapur. Durante os últimos 25 anos, dei o meu melhor ao partilhar a minha experiência, as minhas competências técnicas, os meus conhecimentos, etc., e ao ajudar os estudantes a adquirir excelentes competências e conhecimentos. Muitos dos meus alunos estão agora a trabalhar como cientistas/professores em universidades e instituições internacionais/nacionais, contribuindo para o bem-estar da sociedade. Adquiri também experiência administrativa ao desempenhar vários tipos de funções na minha carreira como coordenador do sítio Web da Universidade, responsável pela colocação, HOD de Bioquímica,

Investigador principal de programas de investigação financiados pelo governo central, num montante de quase 125 lakhs, que beneficiaram direta e indiretamente uma grande população estudantil. Os meus conhecimentos no domínio da bioinformática permitiram que o Governo da Índia, Ministério da Ciência e da Tecnologia, Departamento de Biotecnologia, Nova Deli, sancionasse a facilidade BIF. Sou o presidente do BOS de várias universidades em Andhra Pradesh. Não hesito em dizer que a Faculdade de Farmácia da Universidade Sri Krishnadevaraya foi criada graças ao meu trabalho árduo e ao meu trabalho de base, tendo-se tornado numa instituição popular no domínio da Farmácia e gerando recursos financeiros para a Universidade no valor de quase 200 lakhs por curso. A minha especialidade é o facto de ter mais de 70 publicações em revistas de renome.

Dr. C.M Anuradha, Co-coordenador, Instalação de Bioinformática e Professor Assistente, Departamento de Biotecnologia, na Universidade Sri Krishnadevaraya, Anantapur, A.P, Índia. Durante os últimos 10 anos, dei o meu melhor, partilhando os meus conhecimentos no ensino, na prática e na investigação, etc., para cumprir plenamente o meu compromisso e empenho no crescimento da universidade. Trabalhei como professor assistente no Departamento de Biotecnologia, Faculdade de Engenharia, SKU. Concluí com êxito o projeto UGC-MRP e também organizei seminários nacionais. Tenho mais de 40 publicações em várias revistas de renome.

Dr. Madhusudana Pulaganti, cientista, Unidade de Investigação Multidisciplinar, Faculdade de Medicina Sri Venkateswara, Tirupati, Andhrapradesh, Índia. Nos últimos 10 anos, trabalhei em vários projectos de investigação, incluindo bioinformática e biologia do cancro, na qualidade de bolseira UGC MRP, bolseira de investigação sénior do ICMR, associada de investigação do ICMR e associada de investigação do DBT. Neste momento, estou a executar vários projectos de investigação com o objetivo básico de reforçar a investigação nas faculdades de medicina (DHR, GOVT da Índia). A minha contribuição em vários domínios inclui mais de 25 publicações em revistas de renome. Estou grato ao meu supervisor de investigação e aos professores que me encorajaram na minha carreira.

DBT - Infraestrutura de bioinformática

Departamento de Bioquímica

Universidade Sri Krishnadevaraya

Anantapuromu-515003

Andhraprodoesh,Índia.

yes
I want morebooks!

Buy your books fast and straightforward online - at one of world's fastest growing online book stores! Environmentally sound due to Print-on-Demand technologies.

Buy your books online at
www.morebooks.shop

Compre os seus livros mais rápido e diretamente na internet, em uma das livrarias on-line com o maior crescimento no mundo! Produção que protege o meio ambiente através das tecnologias de impressão sob demanda.

Compre os seus livros on-line em
www.morebooks.shop

Printed by Books on Demand GmbH, Norderstedt / Germany